总主编/艾四林

《新民主主义论》导读

（增订版）

康沛竹　江大伟◎编著

中国民主法制出版社
研究出版社
2018年·北京

图书在版编目（CIP）数据

《新民主主义论》导读 / 康沛竹，江大伟编著．--
增订本．-- 北京：中国民主法制出版社，2018.6
ISBN 978-7-5162-1812-9

Ⅰ．①新… Ⅱ．①康… ②江… Ⅲ．①《新民主主义
论》-毛泽东著作研究 Ⅳ．① A841.24

中国版本图书馆 CIP 数据核字（2018）第 102001 号

图书出品人 / 刘海涛
出 版 统 筹 / 赵卜慧　乔先彪
责 任 编 辑 / 刘春雨

书名 / 《新民主主义论》导读（增订版）
作者 / 康沛竹　江大伟　编著

出版·发行 / 中国民主法制出版社
地址 / 北京市丰台区右安门外玉林里 7 号（100069）
电话 / 010-63292534　63057714（发行中心）　63055259（总编室）
传真 / 010-63292534
Http: //www.npcpub.com
E-mail: mzfz@npcpub.com
经销 / 新华书店
开本 / 16 开　787 毫米 ×1092 毫米
印张 / 10.75
字数 / 120 千字
版本 / 2018 年 6 月第 2 版　　2018 年 6 月第 1 次印刷
印刷 / 北京中兴印刷有限公司

书号 / ISBN 978-7-5162-1812-9
定价 / 30.00 元

总序

读经典　提高马克思主义理论素养

艾四林
中央马克思主义理论研究和建设工程《马克思主义发展史》课题组首席专家
教育部高校研究生思想政治理论课分指导委员会副主任委员
教育部人文社会科学重点研究基地清华大学高校德育研究中心主任
清华大学马克思主义学院院长

加强马克思主义经典著作的学习，提高广大党员干部的马克思主义理论素养，是建设马克思主义学习型政党的重要任务。马克思主义经典著作蕴含和集中体现着马克思主义基本原理，是马克思主义理论的本源和基础。重视学习马克思主义经典著作，是我们党的优良传统。在新形势下，广大党员干部学习马克思主义经典著作，不仅有助于系统掌握马克思主义基本原理，增强马克思主义信仰，也有助于从源头上完整准确地理解中国特色社会主义理论体系。在实际工作中，广大党员干部要把掌握马克思主义理论作为看家本领，善于运用马克思主义的立场观点方法来分析和解决改革开放和现代化建设中的实际问题。

青年是国家的希望，民族的未来。高校思想政治理论课承担着对大学生进行系统的马克思主义理论教育的任务，在把大学生培养成中国特色社会主义的建设者和接班人方面承担着不可替代的作用。在本科生的思想政治理论课课程体系中，虽然没有马克思主义经典导读这样的必修课程，但教师一般会推荐马克思主义经典著作作为必读书目，要求学生课下阅读，以加深大学生对马克思主义基本原理和中国化马克思主义的理解和认识。在目前的研究生思想政治理论课课程体系中，“马克思主义经典著作导读”就是其中的一门重要课程。特别是，对于全国马克思主义理论专业的研究生来说，“马克思主义原著研读”更是其必修的核心课程。因而，使青年学生拥有一套学习马克思主义经典的导读性著作，一直是我们着力探索的重要教学科研任务。

有鉴于此，我们特邀一些高校从事马克思主义理论教学和研究的学者，对精心挑选的马克思主义发展史上的一些经典文献进行导读，并分批陆续出版。在编写中，我们强调导读著作风格的通俗性和文风的可读性，要求每本导读著作的字数控制在十万字左右（个别除外），使之介于大部头研究专著和合集之间。目前，马克思主义经典的导读性著作的撰写，主要有如下两种形式：一种是把每一本马克思主义经典的导读写成一本大部头的专著，一种是把若干马克思主义经典分章节加以介绍，然后汇成一本合集。相对来讲，前者的优势是研究精深、学术性强，其体例和风格主要适合专家学者，但相对于党政干部和青年学生而言，则显得有些深奥，往往会让读者产生畏难情绪；后者的优势是比较集中、简明扼要，但内容较为单薄，往往会使读者感觉不解渴。因此，我们这套丛书试图寻找更为合适的体例和风格，兼收上述两类导读著作的优点，从而起到积极的探索的作用。

我们衷心希望这套丛书有助于广大党政干部和青年学生对马克思主义理论的学习，为推进马克思主义大众化作出一点我们应有的贡献。

2015年5月5日

目录

CONTENTS

新民主主义论*

（一九四〇年一月）

一　中国向何处去

抗战以来，全国人民有一种欣欣向荣的气象，大家以为有了出路，愁眉锁眼的姿态为之一扫。但是近来的妥协空气，反共声浪，忽又甚嚣尘上，又把全国人民打入闷葫芦里了。特别是文化人和青年学生，感觉锐敏，首当其冲。于是怎么办，中国向何处去，又成为问题了。因此，趁着《中国文化》的出版，说明一下中国政治和中国文化的动向问题，或者也是有益的。对于文化问题，我是门外汉，想研究一下，也方在开始。好在延安许多同志已有详尽的文章，我的粗枝大叶的东西，就当作一番开台锣鼓好了。对于全国先进的文化工作者，我们的东西，只当作引玉之砖，千虑之一得，希望共同讨论，得出正确结论，来适应我们民族的需要。科学的态度是"实事求是"，"自以为是"和"好为人师"那样狂妄的态度是决不能解决问题的。我们民族的灾难深重极了，惟有科学的态度和负责的精神，能够引导我们民族到解放之路。真理只有一个，而究竟谁发现了真理，不依靠主观的夸张，而依靠客观的实践。只有千百万人民的革命实践，才是检验真理的尺度。我想，这可以算作《中国文

---

* 版本选自《毛泽东选集》第 2 卷，人民出版社 1991 年第 2 版，第 662 页—第 709 页。

化》出版的态度。

二　我们要建立一个新中国

我们共产党人，多年以来，不但为中国的政治革命和经济革命而奋斗，而且为中国的文化革命而奋斗；一切这些的目的，在于建设一个中华民族的新社会和新国家。在这个新社会和新国家中，不但有新政治、新经济，而且有新文化。这就是说，我们不但要把一个政治上受压迫、经济上受剥削的中国，变为一个政治上自由和经济上繁荣的中国，而且要把一个被旧文化统治因而愚昧落后的中国，变为一个被新文化统治因而文明先进的中国。一句话，我们要建立一个新中国。建立中华民族的新文化，这就是我们在文化领域中的目的。

三　中国的历史特点

我们要建立中华民族的新文化，但是这种新文化究竟是一种什么样子的文化呢?

一定的文化（当作观念形态的文化）是一定社会的政治和经济的反映，又给予伟大影响和作用于一定社会的政治和经济；而经济是基础，政治则是经济的集中的表现。这是我们对于文化和政治、经济的关系及政治和经济的关系的基本观点。那末，一定形态的政治和经济是首先决定那一定形态的文化的；然后，那一定形态的文化又才给予影响和作用于一定形态的政治和经济。马克思说："不是人们的意识决定人们的存在，而是人们的社会存在决定人们的意识。"他又说："从来的哲学家只是各式各样地说明世界，但是重要的乃在于改造世界。"这是自有人类历史以来第一次正确地解决意识和存在关系问题的科学的规定，而为后来列宁所深刻地发挥了的能动的革命的反映论之基本的观点。我们讨论中国文化问题，不能忘记这个基本观点。

这样说来，问题是很清楚的，我们要革除的那种中华民族旧文化中的反动成分，它是不能离开中华民族的旧政治和旧经济的；而我们要建立的这种中华民族的新文化，它也不能离开中华民族的新政治和新经济。中华民族的旧政治和旧经济，乃是中华民族的旧文化的根据；而中华民族的新政治和新经济，乃是中华民族的新文化的根据。

所谓中华民族的旧政治和旧经济是什么？而所谓中华民族的旧文化又是什么？

自周秦以来，中国是一个封建社会，其政治是封建的政治，其经济是封建的经济。而为这种政治和经济之反映的占统治地位的文化，则是封建的文化。

自外国资本主义侵略中国，中国社会又逐渐地生长了资本主义因素以来，中国已逐渐地变成了一个殖民地、半殖民地、半封建的社会。现在的中国，在日本占领区，是殖民地社会；在国民党统治区，基本上也还是一个半殖民地社会；而不论在日本占领区和国民党统治区，都是封建半封建制度占优势的社会。这就是现时中国社会的性质，这就是现时中国的国情。作为统治的东西来说，这种社会的政治是殖民地、半殖民地、半封建的政治，其经济是殖民地、半殖民地、半封建的经济，而为这种政治和经济之反映的占统治地位的文化，则是殖民地、半殖民地、半封建的文化。

这些统治的政治、经济和文化形态，就是我们革命的对象。我们要革除的，就是这种殖民地、半殖民地、半封建的旧政治、旧经济和那为这种旧政治、旧经济服务的旧文化。而我们要建立起来的，则是与此相反的东西，乃是中华民族的新政治、新经济和新文化。

那末，什么是中华民族的新政治、新经济，又什么是中华民族的新文化呢？

中国革命的历史进程，必须分为两步，其第一步是民主主义的革命，其第二步是社会主义的革命，这是性质不同的两个革命过程。而所谓民主主义，现在已不是旧范畴的民主主义，已不是旧民主主义，而是新范畴的民主主义，而是新民主主义。

由此可以断言，所谓中华民族的新政治，就是新民主主义的政治；所谓中华民族的新经济，就是新民主主义的经济；所谓中华民族的新文化，就是新民主主义的文化。

这就是现时中国革命的历史特点。在中国从事革命的一切党派，一切人们，谁不懂得这个历史特点，谁就不能指导这个革命和进行这个革命到胜利，谁就会被人民抛弃，变为向隅而泣的可怜虫。

四　中国革命是世界革命的一部分

中国革命的历史特点是分为民主主义和社会主义两个步骤，而其第一步现在已不是一般的民主主义，而是中国式的、特殊的、新式的民主主义，而是新民主主义。那末，这个历史特点是怎样形成的呢？它是一百年来就有了的，还是后来才发生的呢？

只要研究一下中国的和世界的历史发展，就知道这个历史特点，并不是从鸦片战争以来就有了的，而是在后来，在第一次帝国主义世界大战和俄国十月革命之后，才形成的。我们现在就来研究这个形成过程。

很清楚的，中国现时社会的性质，既然是殖民地、半殖民地、半封建的性质，它就决定了中国革命必须分为两个步骤。第一步，改变这个殖民地、半殖民地、半封建的社会形态，使之变成一个独立的民主主义的社会。第二步，使革命向前发展，建立一个社会主义的社会。中国现时的革命，是在走第一步。

这个第一步的准备阶段，还是自从一八四〇年鸦片战争以来，即中国社会开始由封建社会改变为半殖民地半封建社会以来，就开始了的。中经太平天国运动、中法战争、中日战争、戊戌变法、辛亥革命、五四运动、北伐战争、土地革命战争、直到今天的抗日战争，这样许多个别的阶段，费去了整整一百年工夫，从某一点上说来，都是实行这第一步，都是中国人民在不同的时间中和不同的程度上实行这第一步，实行反对帝国主义和封建势力，为了建立一个独立的民主主义的社会而斗争，为了完成第一个革命而斗争。而辛亥革命，则是在比较更完全的意义上开始了这个革命。这个革命，按其社会性质说来，是资产阶级民主主义的革命，不是无产阶级社会主义的革命。这个革命，现在还未完成，还须付与很大的气力，这是因为这个革命的敌人，直到现在，还是非常强大的缘故。孙中山先生说的“革命尚未成功，同志仍须努力”，就是指的这种资产阶级民主主义的革命。

然而中国资产阶级民主主义革命，自从一九一四年爆发第一次帝国主义世界大战和一九一七年俄国十月革命在地球六分之一的土地上建立了社会主义国家以来，起了一个变化。

在这以前，中国资产阶级民主主义革命，是属于旧的世界资产阶级民主主义革命的范畴之内的，是属于旧的世界资产阶级民主主义革命的一部分。

在这以后，中国资产阶级民主主义革命，却改变为属于新的资产阶级民主主义革命的范畴，而在革命的阵线上说来，则属于世界无产阶级社会主义革命的一部分了。

为什么呢？因为第一次帝国主义世界大战和第一次胜利的社会主义十月革命，改变了整个世界历史的方向，划分了整个世界历史的时代。

在世界资本主义战线已在地球的一角（这一角占全世界六分之一的土地）崩溃，而在其余的角上又已经充分显露其腐朽性的时代，在这些尚存的资本主义部分非更加依赖殖民地半殖民地便不能过活的时代，在社会主义国家已经建立并宣布它愿意为了扶助一切殖民地半殖民地的解放运动而斗争的时代，在各个资本主义国家的无产阶级一天一天从社会帝国主义的社会民主党的影响下面解放出来并宣布他们赞助殖民地半殖民地解放运动的时代，在这种时代，任何殖民地半殖民地国家，如果发生了反对帝国主义，即反对国际资产阶级、反对国际资本主义的革命，它就不再是属于旧的世界资产阶级民主主义革命的范畴，而属于新的范畴了；它就不再是旧的资产阶级和资本主义的世界革命的一部分，而是新的世界革命的一部分，即无产阶级社会主义世界革命的一部分了。这种革命的殖民地半殖民地，已经不能当作世界资本主义反革命战线的同盟军，而改变为世界社会主义革命战线的同盟军了。

这种殖民地半殖民地革命的第一阶段，第一步，虽然按其社会性质，基本上依然还是资产阶级民主主义的，它的客观要求，是为资本主义的发展扫清道路；然而这种革命，已经不是旧的、被资产阶级领导的、以建立资本主义的社会和资产阶级专政的国家为目的的革命，而是新的、被无产阶级领导的、以在第一阶段上建立新民主主义的社会和建立各个革命阶级联合专政的国家为目的的革命。因此，这种革命又恰是为社会主义的发展扫清更广大的道路。这种革命，在其进行中，因为敌情和同盟军的变化，又分为若干的阶段，然而其基本性质是没有变化的。

这种革命，是彻底打击帝国主义的，因此它不为帝国主义所容许，而为帝国主义所反对。但是它却为社会主义所容许，而为社会主义的国家和社会主义的国际无产阶级所援助。

因此，这种革命，就不能不变成无产阶级社会主义世界革命的一部分。

“中国革命是世界革命的一部分”，这一正确的命题，还是在一九二四年至一九二七年的中国第一次大革命时期，就提出了的。这是中国共产党人提出，而为当时一切参加反帝反封建斗争的人们所赞成的。不过那时这一理论的意义还没有发挥，以致人们还只是模糊地认识这个问题。

这种“世界革命”，已不是旧的世界革命，旧的资产阶级世界革命早已完结了；而是新的世界革命，而是社会主义的世界革命。同样，这种“一部分”，已经不是旧的资产阶级革命的一部分，而是新的社会主义革命的一部分。这是一个绝大的变化，这是自有世界历史和中国历史以来无可比拟的大变化。

中国共产党人提出的这一正确的命题，是根据斯大林的理论的。

斯大林还在一九一八年所作十月革命一周年纪念的论文时，就说道：

“十月革命的伟大的世界意义，主要的是：第一，它扩大了民族问题的范围，把它从欧洲反对民族压迫的斗争的局部问题，变为各被压迫民族、各殖民地及半殖民地从帝国主义之下解放出来的总问题；第二，它给这一解放开辟了广大的可能性和现实的道路，这就大大地促进了西方和东方的被压迫民族的解放事业，把他们吸引到胜利的反帝国主义斗争的巨流中去；第三，它从而在社会主义的西方和被奴役的东方之间架起了一道桥梁，建立了一条从西方无产者经过俄国革命到东方被压迫民族的新的反对世界帝国主义的革命战线。”

从这篇文章以后，斯大林曾经多次地发挥了关于论述殖民地半殖民地的革命脱离了旧范畴，改变成了无产阶级社会主义革命一部分的理论。解释得最清楚明确的，是斯大林在一九二五年六月三十日发表的同当时南斯拉夫的民族主义者争论的文章。这篇文章载在张仲实译的《斯大林论民族问题》一书上面，题目叫做《再论民族问题》。其中有这么一段：

“舍米契引证了斯大林在一九一二年年底所著《马克思主义与民族问题》那本小册子中的一个地方。那里曾说：‘在上升的资本主义的条件之下，民族的斗争是资产阶级相互之间的斗争。’显然，他企图以此来暗示他给当前历史条件下的民族运动的社会意义所下的定义是正确的。然而，斯大林那本小册子是在帝国主义战争以前写的，那时候民族问题在马克思主义者看来还不是一个具有全世界意义的问题，那时候马克思主义者关于民族自决权的基本要求不是当作无产阶级革命的一部分，而是当作资产阶级民主革命的一部分。自那时候起，国际形势已经根本地改变了，战争和俄国十月革命已把民族问题从资产阶级民主革命的一部分变成了无产阶级社会主义革命的一部分了，——要是看不清这一点，那就未免太可笑了。列宁还在一九一六年十月间，就在他的《民族自决权讨论的总结》一文中说过，民族问题中关于民族自决权的基本点，已不再是一般民主运动的一部分，它已经变成一般无产阶级的、社会主义革命的一个构成部分了。列宁以及俄国共产主义的其他代表者关于民族问题的以后的一些著作，我就不用讲了。现在，当我们由于新的历史环境而进入于一个新的时代——无产阶级革命的时代，舍米契在这一切以后却引证斯大林在俄国资产阶级民主革命时期所写的那本小册子中的一个地方，这能有什么意义呢？它只能有这样一个意义，就是舍米契是离开时间和空间，不顾到活的历史环境来引证的，因而违反了辩证法的最基本的要求，没有考虑到在某一个历史环境下是正确的东西在另一个历史环境下就可以成为不正确的。”

由此可见，有两种世界革命，第一种是属于资产阶级和资本主义范畴的世界革命。这种世界革命的时期早已过去了，还在一九一四年第一次帝国主义世界大战爆发之时，尤其是在一九一七年俄国十月革命之时，就告终结了。从此以后，开始了第二种世界革命，即无产阶级的社会主义的世界革命。这种革命，以资本主义国家的无产阶级为主力军，以殖民地半殖民地的被压迫民族为同盟军。不管被压迫民族中间参加革命的阶级、党派或个人，是何种的阶级、党派或个人，又不管他们意识着这一点与否，他们主观上了解了这一点与否，只要他们反对帝国主义，他们的革命，就成了无产阶级社会主义世界革命的一部分，他们就成了无产阶级社会主义世界革命的同盟军。

中国革命到了今天，它的意义更加增大了。在今天，是在由于资本主义的经济危机和政治危机已经一天一天把世界拖进第二次世界大战的时候；是在苏联已经到了由社会主义到共产主义的过渡期，有能力领导和援助全世界无产阶级和被压迫民族，反抗帝国主义战争，打击资本主义反动的时候；是在各资本主义国家的无产阶级正在准备打倒资本主义、实现社会主义的时候；是在中国无产阶级、农民阶级、知识分子和其他小资产阶级在中国共产党的领导之下，已经形成了一个伟大的独立的政治力量的时候。在今天，我们是处在这种时候，那末，应该不应该估计中国革命的世界意义是更加增大了呢？我想是应该的。中国革命是世界革命的伟大的一部分。

这个中国革命的第一阶段（其中又分为许多小阶段），其社会性质是新式的资产阶级民主主义的革命，还不是无产阶级社会主义的革命，但早已成了无产阶级社会主义的世界革命的一部分，现在则更成了这种世界革命的伟大的一部分，成了这种世界革命的伟大的同盟军。这个革命的第一步、第一阶段，决不是也不能建立中国资产阶级专政的资本主义的社会，而是要建立以中国无产阶级为首领的中国各个革命阶级联合专政的新民主主义的社会，以完结其第一阶段。然后，再使之发展到第二阶段，以建立中国社会主义的社会。

这就是现时中国革命的最基本的特点，这就是二十年来（从一九一九年五四运动算起）的新的革命过程，这就是现时中国革命的生动的具体的内容。

五　新民主主义的政治

中国革命分为两个历史阶段，而其第一阶段是新民主主义的革命，这是中国革命的新的历史特点。这个新的特点具体地表现在中国内部的政治关系和经济关系上又是怎样的呢？下面我们就来说明这种情形。

在一九一九年五四运动以前（五四运动发生于一九一四年第一次帝国主义大战和一九一七年俄国十月革命之后），中国资产阶级民主革命的政治指导者是中国的小资产阶级和资产阶级（他们的知识分子）。这时，中国无产阶级还没有当作一个觉悟了的独立的阶级力量登上政治的舞台，还是当作小资产阶级和资产阶级的追随者参加了革命。例如辛亥革命时的无产阶级，就是这样的阶级。

在五四运动以后，虽然中国民族资产阶级继续参加了革命，但是中国资产阶级民主革命的政治指导者，已经不是属于中国资产阶级，而是属于中国无产阶级了。这时，中国无产阶级，由于自己的长成和俄国革命的影响，已经迅速地变成了一个觉悟了的独立的政治力量了。打倒帝国主义的口号和整个中国资产阶级民主革命的彻底的纲领，是中国共产党提出的；而土地革命的实行，则是中国共产党单独进行的。

由于中国民族资产阶级是殖民地半殖民地国家的资产阶级，是受帝国主义压迫的，所以，虽然处在帝国主义时代，他们也还是在一定时期中和一定程度上，保存着反对外国帝国主义和反对本国官僚军阀政府（这后者，例如在辛亥革命时期和北伐战争时期）的革命性，可以同无产阶级、小资产阶级联合起来，反对它们所愿意反对的敌人。这是中国资产阶级和旧俄帝国的资产阶级的不同之点。在旧俄帝国，因为它已经是一个军事封建的帝国主义，是侵略别人的，所以俄国的资产阶级没有什么革命性。在那里，无产阶级的任务，是反对资产阶级，而不是联合它。在中国，因为它是殖民地半殖民地，是被人侵略的，所以中国民族资产阶级还有在一定时期中和一定程度上的革命性。在这里，无产阶级的任务，在于不忽视民族资产阶级的这种革命性，而和他们建立反帝国主义和反官僚军阀政府的统一战线。

但同时，也即是由于他们是殖民地半殖民地的资产阶级，他们在经济上和政治上是异常软弱的，他们又保存了另一种性质，即对于革命敌人的妥协性。中国的民族资产阶级，即使在革命时，也不愿意同帝国主义完全分裂，并且他们同农村中的地租剥削有密切联系，因此，他们就不愿和不能彻底推翻帝国主义，更加不愿和更加不能彻底推翻封建势力。这样，中国资产阶级民主革命的两个基本问题，两大基本任务，中国民族资产阶级都不能解决。至于中国的大资产阶级，以国民党为代表，在一九二七年至一九三七年这一个长的时期内，一直是投入帝国主义的怀抱，并和封建势力结成同盟，反对革命人民的。中国的民族资产阶级也曾在一九二七年及其以后的一个时期内一度附和过反革命。在抗日战争中，大资产阶级的一部分，以汪精卫为代表，又已投降敌人，表示了大资产阶级的新的叛变。这又是中国资产阶级同历史上欧美各国的资产阶级特别是法国的资产阶级的不同之点。在欧美各国，特别在法国，当它们还在革命时代，那里的资产阶级革命是比较彻底的；在中国，资产阶级则连这点彻底性都没有。

一方面——参加革命的可能性，又一方面——对革命敌人的妥协性，这就是中国资产阶级“一身而二任焉”的两面性。这种两面性，就是欧美历史上的资产阶级，也是同具的。大敌当前，他们要联合工农反对敌人；工农觉悟，他们又联合敌人反对工农。这是世界各国资产阶级的一般规律，不过中国资产阶级的这个特点更加突出罢了。

在中国，事情非常明白，谁能领导人民推翻帝国主义和封建势力，谁就能取得人民的信仰，因为人民的死敌是帝国主义和封建势力、而特别是帝国主义的缘故。在今日，谁能领导人民驱逐日本帝国主义，并实施民主政治，谁就是人民的救星。历史已经证明：中国资产阶级是不能尽此责任的，这个责任就不得不落在无产阶级的肩上了。

所以，无论如何，中国无产阶级、农民、知识分子和其他小资产阶级，乃是决定国家命运的基本势力。这些阶级，或者已经觉悟，或者正在觉悟起来，他们必然要成为中华民主共和国的国家构成和政权构成的基本部分，而无产阶级则是领导的力量。现在所要建立的中华民主共和国，只能是在无产阶级领导下的一切反帝反封建的人们联合专政的民主共和国，这就是新民主主义的共和国，也就是真正革命的三大政策的新三民主义共和国。

这种新民主主义共和国，一方面和旧形式的、欧美式的、资产阶级专政的、资本主义的共和国相区别，那是旧民主主义的共和国，那种共和国已经过时了；另一方面，也和苏联式的、无产阶级专政的、社会主义的共和国相区别，那种社会主义的共和国已经在苏联兴盛起来，并且还要在各资本主义国家建立起来，无疑将成为一切工业先进国家的国家构成和政权构成的统治形式；但是那种共和国，在一定的历史时期中，还不适用于殖民地半殖民地国家的革命。因此，一切殖民地半殖民地国家的革命，在一定历史时期中所采取的国家形式，只能是第三种形式，这就是所谓新民主主义共和国。这是一定历史时期的形式，因而是过渡的形式，但是不可移易的必要的形式。

因此，全世界多种多样的国家体制中，按其政权的阶级性质来划分，基本地不外乎这三种：（甲）资产阶级专政的共和国；（乙）无产阶级专政的共和国；（丙）几个革命阶级联合专政的共和国。

第一种，是旧民主主义的国家。在今天，在第二次帝国主义战争爆发之后，许多资本主义国家已经没有民主气息，已经转变或即将转变为资产阶级的血腥的军事专政了。某些地主和资产阶级联合专政的国家，可以附在这一类。

第二种，除苏联外，正在各资本主义国家中酝酿着。将来要成为一定时期中的世界统治形式。

第三种，殖民地半殖民地国家的革命所采取的过渡的国家形式。各个殖民地半殖民地国家的革命必然会有某些不同特点，但这是大同中的小异。只要是殖民地或半殖民地的革命，其国家构成和政权构成，基本上必然相同，即几个反对帝国主义的阶级联合起来共同专政的新民主主义的国家。在今天的中国，这种新民主主义的国家形式，就是抗日统一战线的形式。它是抗日的，反对帝国主义的；又是几个革命阶级联合的，统一战线的。但可惜，抗战许久了，除了共产党领导下的抗日民主根据地外，大部分地区关于国家民主化的工作基本上还未着手，日本帝国主义就利用这个最根本的弱点，大踏步地打了进来；再不变计，民族的命运是非常危险的。

这里所谈的是“国体”问题。这个国体问题，从前清末年起，闹了几十年还没有闹清楚。其实，它只是指的一个问题，就是社会各阶级在国家中的地位。资产阶级总是隐瞒这种阶级地位，而用“国民”的名词达到其一阶级专政的实际。这种隐瞒，对于革命的人民，毫无利益，应该为之清楚地指明。“国民”这个名词是可用的，但是国民不包括反革命分子，不包括汉奸。一切革命的阶级对于反革命汉奸们的专政，这就是我们现在所要的国家。

“近世各国所谓民权制度，往往为资产阶级所专有，适成为压迫平民之工具。若国民党之民权主义，则为一般平民所共有，非少数人所得而私也。”这是一九二四年在国共合作的国民党的第一次全国代表大会宣言中的庄严的声明。十六年来，国民党自己违背了这个声明，以致造成今天这样国难深重的局面。这是国民党一个绝大的错误，我们希望它在抗日的洗礼中改正这个错误。

至于还有所谓“政体”问题，那是指的政权构成的形式问题，指的一定的社会阶级取何种形式去组织那反对敌人保护自己的政权机关。没有适当形式的政权机关，就不能代表国家。中国现在可以采取全国人民代表大会、省人民代表大会、县人民代表大会、区人民代表大会直到乡人民代表大会的系统，并由各级代表大会选举政府。但必须实行无男女、信仰、财产、教育等差别的真正普遍平等的选举制，才能适合于各革命阶级在国家中的地位，适合于表现民意和指挥革命斗争，适合于新民主主义的精神。这种制度即是民主集中制。只有民主集中制的政府，才能充分地发挥一切革命人民的意志，也才能最有力量地去反对革命的敌人。“非少数人所得而私”的精神，必须表现在政府和军队的组成中，如果没有真正的民主制度，就不能达到这个目的，就叫做政体和国体不相适应。

国体——各革命阶级联合专政。政体——民主集中制。这就是新民主主义的政治，这就是新民主主义的共和国，这就是抗日统一战线的共和国，这就是三大政策的新三民主义的共和国，这就是名副其实的中华民国。我们现在虽有中华民国之名，尚无中华民国之实，循名责实，这就是今天的工作。

这就是革命的中国、抗日的中国所应该建立和决不可不建立的内部政治关系，这就是今天“建国”工作的唯一正确的方向。

六　新民主主义的经济

在中国建立这样的共和国，它在政治上必须是新民主主义的，在经济上也必须是新民主主义的。

大银行、大工业、大商业，归这个共和国的国家所有。“凡本国人及外国人之企业，或有独占的性质，或规模过大为私人之力所不能办者，如银行、铁道、航路之属，由国家经营管理之，使私有资本制度不能操纵国民之生计，此则节制资本之要旨也。”这也是国共合作的国民党的第一次全国代表大会宣言中的庄严的声明，这就是新民主主义共和国的经济构成的正确的方针。在无产阶级领导下的新民主主义共和国的国营经济是社会主义的性质，是整个国民经济的领导力量，但这个共和国并不没收其他资本主义的私有财产，并不禁止“不能操纵国民生计”的资本主义生产的发展，这是因为中国经济还十分落后的缘故。

这个共和国将采取某种必要的方法，没收地主的土地，分配给无地和少地的农民，实行中山先生“耕者有其田”的口号，扫除农村中的封建关系，把土地变为农民的私产。农村的富农经济，也是容许其存在的。这就是“平均地权”的方针。这个方针的正确的口号，就是“耕者有其田”。在这个阶段上，一般地还不是建立社会主义的农业，但在“耕者有其田”的基础上所发展起来的各种合作经济，也具有社会主义的因素。

中国的经济，一定要走“节制资本”和“平均地权”的路，决不能是“少数人所得而私”，决不能让少数资本家少数地主“操纵国民生计”，决不能建立欧美式的资本主义社会，也决不能还是旧的半封建社会。谁要是敢于违反这个方向，他就一定达不到目的，他就自己要碰破头的。

这就是革命的中国、抗日的中国应该建立和必然要建立的内部经济关系。

这样的经济，就是新民主主义的经济。

而新民主主义的政治，就是这种新民主主义经济的集中的表现。

七 驳资产阶级专政

这种新民主主义政治和新民主主义经济的共和国，是全国百分之九十以上的人民都赞成的，舍此没有第二条路走。

走建立资产阶级专政的资本主义社会之路吗？诚然，这是欧美资产阶级走过的老路，但无如国际国内的环境，都不容许中国这样做。

依国际环境说，这条路是走不通的。现在的国际环境，从基本上说来，是资本主义和社会主义斗争的环境，是资本主义向下没落，社会主义向上生长的环境。要在中国建立资产阶级专政的资本主义社会，首先是国际资本主义即帝国主义不容许。帝国主义侵略中国，反对中国独立，反对中国发展资本主义的历史，就是中国的近代史。历来中国革命的失败，都是被帝国主义绞杀的，无数革命的先烈，为此而抱终天之恨。现在是一个强大的日本帝国主义打了进来，它是要把中国变成殖民地的；现在是日本在中国发展它的资本主义，却不是什么中国发展资本主义；现在是日本资产阶级在中国专政，却不是什么中国资产阶级专政。不错，现在是帝国主义最后挣扎的时期，它快要死了，“帝国主义是垂死的资本主义”。但是正因为它快要死了，它就更加依赖殖民地半殖民地过活，决不容许任何殖民地半殖民地建立什么资产阶级专政的资本主义社会。正因为日本帝国主义陷在严重的经济危机和政治危机的深坑之中，就是说，它快要死了，它就一定要打中国，一定要把中国变为殖民地，它就断绝了中国建立资产阶级专政和发展民族资本主义的路。

其次，是社会主义不容许。这个世界上，所有帝国主义都是我们的敌人，中国要独立，决不能离开社会主义国家和国际无产阶级的援助。这就是说，不能离开苏联的援助，不能离开日本和英、美、法、德、意各国无产阶级在其本国进行反资本主义斗争的援助。虽然不能说，中国革命的胜利一定要在日本和英、美、法、德、意各国或其中一二国的革命胜利之后，但须加上它们的力量才能胜利，这是没有疑义的。尤其是苏联的援助，是抗战最后胜利决不可少的条件。拒绝苏联的援助，革命就要失败，一九二七年以后反苏运动[15]的教训，不是异常明显的吗？现在的世界，是处在革命和战争的新时代，是资本主义决然死灭和社会主义决然兴盛的时代。在这种情形下，要在中国反帝反封建胜利之后，再建立资产阶级专政的资本主义社会，岂非是完全的梦呓？

如果说，由于特殊条件（资产阶级战胜了希腊的侵略，无产阶级的力量太薄弱），在第一次帝国主义大战和十月革命之后，还有过一个基马尔式的小小的资产阶级专政的土耳其，那末，在第二次世界大战和苏联已经完成社会主义建设之后，就决不会再有一个土耳其，尤其决不容许有一个四亿五千万人口的土耳其。由于中国的特殊条件（资产阶级的软弱和妥协性，无产阶级的强大和革命彻底性），中国从来也没有过土耳其的那种便宜事情。一九二七年中国第一次大革命失败之后，中国的资产阶级分子不是曾经高唱过什么基马尔主义吗？然而中国的基马尔在何处？中国的资产阶级专政和资本主义社会又在何处呢？何况所谓基马尔的土耳其，最后也不能不投入英法帝国主义的怀抱，一天一天变成了半殖民地，变成了帝国主义反动世界的一部分。处在今天的国际环境中，殖民地半殖民地的任何英雄好汉们，要就是站在帝国主义战线方面，变为世界反革命力量的一部分；要就是站在反帝国主义战线方面，变为世界革命力量的一部分。二者必居其一，其他的道路是没有的。

依国内环境说，中国资产阶级应该获得了必要的教训。中国资产阶级，以大资产阶级为首，在一九二七年的革命刚刚由于无产阶级、农民和其他小资产阶级的力量而得到胜利之际，他们就一脚踢开了这些人民大众，独占革命的果实，而和帝国主义及封建势力结成了反革命联盟，并且费了九牛二虎之力，举行了十年的“剿共”战争。然而结果又怎么样呢？现在是当一个强大敌人深入国土、抗日战争已打了两年之后，难道还想抄袭欧美资产阶级已经过时了的老章程吗？过去的“剿共十年”并没有“剿”出什么资产阶级专政的资本主义社会，难道还想再来试一次吗？不错，“剿共十年”“剿”出了一个“一党专政”，但这乃是半殖民地半封建的专政。而在“剿共”四年（一九二七年至一九三一年的“九一八”）之后，就已经“剿”出了一个“满洲国”；再加六年，至一九三七年，就把一个日本帝国主义“剿”进中国本部来了。如果有人还想从今日起，再“剿”十年，那就已经是新的“剿共”典型，同旧的多少有点区别。但是这种新的“剿共”事业，不是已经有人捷足先登、奋勇担负起来了吗？这个人就是汪精卫，他已经是大名鼎鼎的新式反共人物了。谁要加进他那一伙去，那是行的，但是什么资产阶级专政呀，资本主义社会呀，基马尔主义呀，现代国家呀，一党专政呀，一个主义呀，等等花腔，岂非更加不好意思唱了吗？如果不入汪精卫一伙，要入抗日一伙，又想于抗日胜利之后，一脚踢开抗日人民，自己独占抗日成果，来一个“一党专政万岁”，又岂非近于做梦吗？抗日，抗日，是谁之力？离了工人、农民和其他小资产阶级，你就不能走动一步。谁还敢于去踢他们，谁就要变为粉碎，这又岂非成了常识范围里的东西了吗？但是中国资产阶级顽固派（我说的是顽固派），二十年来，似乎并没有得到什么教训。不见他们还在那里高叫什么

“限共”、“溶共”、“反共”吗？不见他们一个《限制异党活动办法》之后，再来一个《异党问题处理办法》，再来一个《处理异党问题实施方案》吗？好家伙，这样地“限制”和“处理”下去，不知他们准备置民族命运于何地，也不知他们准备置其自身于何地？我们诚心诚意地奉劝这些先生们，你们也应该睁开眼睛看一看中国和世界，看一看国内和国外，看一看现在是什么样子，不要再重复你们的错误了。再错下去，民族命运固然遭殃，我看你们自己的事情也不大好办。这是断然的，一定的，确实的，中国资产阶级顽固派如不觉悟，他们的事情是并不美妙的，他们将得到一个自寻死路的前途。所以我们希望中国的抗日统一战线坚持下去，不是一家独霸而是大家合作，把抗日的事业弄个胜利，才是上策，否则一概是下策。这是我们共产党人的衷心劝告，“勿谓言之不预也”。

中国有一句老话：“有饭大家吃。”这是很有道理的。既然有敌大家打，就应该有饭大家吃，有事大家做，有书大家读。那种“一人独吞”、“人莫予毒”的派头，不过是封建主的老戏法，拿到二十世纪四十年代来，到底是行不通的。

我们共产党人对于一切革命的人们，是决不排斥的，我们将和所有愿意抗日到底的阶级、阶层、政党、政团以及个人，坚持统一战线，实行长期合作。但人家要排斥共产党，那是不行的；人家要分裂统一战线，那是不行的。中国必须抗战下去，团结下去，进步下去；谁要投降，要分裂，要倒退，我们是不能容忍的。

八　驳“左”倾空谈主义

不走资产阶级专政的资本主义的路，是否就可以走无产阶级专政的社会主义的路呢？

也不可能。

没有问题，现在的革命是第一步，将来要发展到第二步，发展到社会主义。中国也只有进到社会主义时代才是真正幸福的时代。但是现在还不是实行社会主义的时候。中国现在的革命任务是反帝反封建的任务，这个任务没有完成以前，社会主义是谈不到的。中国革命不能不做两步走，第一步是新民主主义，第二步才是社会主义。而且第一步的时间是相当地长，决不是一朝一夕所能成就的。我们不是空想家，我们不能离开当前的实际条件。

有些恶意的宣传家，故意混淆这两个不同的革命阶段，提倡所谓“一次革命论”，用以证明什么革命都包举在三民主义里面了，共产主义就失了存在的理由；用这种“理论”，起劲地反对共产主义和共产党，反对八路军新四军和陕甘宁边区。其目的，是想根本消灭任何革命，反对资产阶级民主革命的彻底性，反对抗日的彻底性，而为投降日寇准备舆论。这种情形，是日本帝国主义有计划地造成的。因为日本帝国主义在占领武汉后，知道单用武力不能屈服中国，乃着手于政治进攻和经济引诱。所谓政治进攻，就是在抗日阵线中诱惑动摇分子，分裂统一战线，破坏国共合作。所谓经济引诱，就是所谓“合办实业”。在华中华南，日寇允许中国资本家投资百分之五十一，日资占百分之四十九；在华北，日寇允许中国资本家投资百分之四十九，日资占百分之五十一。日寇并允许将各中国资本家原有产业，发还他们，折合计算，充作资本。这样一来，一些丧尽天良的资本家，就见利忘义，跃跃欲试。一部分资本家，以汪精卫为代表，已经投降了。再一部分资本家，躲在抗日阵线内的，也想跑去。但是他们做贼心虚，怕共产党阻挡他们的去路，更怕老百姓骂汉奸。于是打伙儿地开了个会，决议：事先要在文化界舆论界准备一下。计策已定，事不宜迟，于是雇上几个玄学鬼，再加几名托洛茨基，摇动笔杆枪，就乱唤乱叫、乱打乱刺了一顿。于是什么“一次革命论”呀，共产主义不适合中国国情呀，共产党在中国没有存在之必要呀，八路军新四军破坏抗日、游而不击呀，陕甘宁边区是封建割据呀，共产党不听话、不统一、有阴谋、要捣乱呀，来这么一套，骗那些不知世事的人，以便时机一到，资本家们就很有理由地去拿百分之四十九或五十一，而把全民族的利益一概卖给敌人。这个叫做偷梁换柱，实行投降之前的思想准备或舆论准备。这班先生们，像煞有介事地提倡“一次革命论”，反对共产主义和共产党，却原来不为别的，专为百分之四十九或五十一，其用心亦良苦矣。“一次革命论”者，不要革命论也，这就是问题的本质。

但是还有另外一些人，他们似乎并无恶意，也迷惑于所谓“一次革命论”，迷惑于所谓“举政治革命与社会革命毕其功于一役”的纯主观的想头；而不知革命有阶段之分，只能由一个革命到另一个革命，无所谓“毕其功于一役”。这种观点，混淆革命的步骤，降低对于当前任务的努力，也是很有害的。如果说，两个革命阶段中，第一个为第二个准备条件，而两个阶段必须衔接，不容横插一个资产阶级专政的阶段，这是正确的，这是马克思主义的革命发展论。如果说，民主革命没有自己的一定任务，没有自己的一定时间，而可以把只能在另一个时间去完成的另一任务，例如社会主义的任务，合并在民主主义任务上面去完成，这个叫做“毕其功于一役”，那就是空想，而为真正的革命者所不取的。

九　驳顽固派

于是资产阶级顽固派就跑出来说：好，你们共产党既然把社会主义社会制度推到后一个阶段去了，你们既然又宣称“三民主义为中国今日之必需，本党愿为其彻底实现而奋斗”，那末，就把共产主义暂时收起好了。这种议论，在所谓“一个主义”的标题之下，已经变成了狂妄的叫嚣。这种叫嚣，其本质就是顽固分子们的资产阶级专制主义。但为了客气一点，叫它作毫无常识，也是可以的。

共产主义是无产阶级的整个思想体系，同时又是一种新的社会制度。这种思想体系和社会制度，是区别于任何别的思想体系和任何别的社会制度的，是自有人类历史以来，最完全最进步最革命最合理的。封建主义的思想体系和社会制度，是进了历史博物馆的东西了。资本主义的思想体系和社会制度，已有一部分进了博物馆（在苏联）；其余部分，也已“日薄西山，气息奄奄，人命危浅，朝不虑夕”，快进博物馆了。惟独共产主义的思想体系和社会制度，正以排山倒海之势，雷霆万钧之力，磅礴于全世界，而葆其美妙之青春。中国自有科学的共产主义以来，人们的眼界是提高了，中国革命也改变了面目。中国的民主革命，没有共产主义去指导是决不能成功的，更不必说革命的后一阶段了。这也就是资产阶级顽固派为什么要那样叫嚣和要求“收起”它的原因。其实，这是“收起”不得的，一收起，中国就会亡国。现在的世界，依靠共产主义做救星；现在的中国，也正是这样。

谁人不知，关于社会制度的主张，共产党是有现在的纲领和将来的纲领，或最低纲领和最高纲领两部分的。在现在，新民主主义，在将来，社会主义，这是有机构成的两部分，而为整个共产主义思想体系所指导的。因为共产党的最低纲领和三民主义的政治原则基本上相同，就狂叫“收起”共产主义，岂非荒谬绝伦之至？在共产党人，正因三民主义的政治原则有和自己的最低纲领基本上相同之点，所以才有可能承认“三民主义为抗日统一战线的政治基础”，才有可能承认“三民主义为中国今日之必需，本党愿为其彻底实现而奋斗”，否则就没有这种可能了。这是共产主义和三民主义在民主革命阶段上的统一战线，孙中山所谓“共产主义是三民主义的好朋友”，也正是指的这种统一战线。否认共产主义，实际上就是否认统一战线。顽固派也正是要奉行其一党主义，否认统一战线，才造出那些否认共产主义的荒谬说法来。

“一个主义”也不通。在阶级存在的条件之下，有多少阶级就有多少主义，甚至一个阶级的各集团中还各有各的主义。现在封建阶级有封建主义，资产阶级有资本主义，佛教徒有佛教主义，基督徒有基督主义，农民有多神主义，近年还有人提倡什么基马尔主义，法西斯主义，唯生主义，“按劳分配主义”，为什么无产阶级不可以有一个共产主义呢？既然是数不清的主义，为什么见了共产主义就高叫“收起”呢？讲实在话，“收起”是不行的，还是比赛吧。谁把共产主义比输了，我们共产党人自认晦气。如若不然，那所谓“一个主义”的反民权主义的作风，还是早些“收起”吧！

为了免除误会，并使顽固派开开眼界起见，关于三民主义和共产主义的异同，有清楚指明之必要。

三民主义和共产主义两个主义比较起来，有相同的部分，也有不同的部分。

第一，相同部分。这就是两个主义在中国资产阶级民主革命阶段上的基本政纲。一九二四年孙中山重新解释的三民主义中的革命的民族主义、民权主义和民生主义这三个政治原则，同共产主义在中国民主革命阶段的政纲，基本上是相同的。由于这些相同，并由于三民主义见之实行，就有两个主义两个党的统一战线。忽视这一方面，是错误的。

第二，不同部分。则有：（一）民主革命阶段上一部分纲领的不相同。共产主义的全部民主革命政纲中有彻底实现人民权力、八小时工作制和彻底的土地革命纲领，三民主义则没有这些部分。如果它不补足这些，并且准备实行起来，那对于民主政纲就只是基本上相同，不能说完全相同。（二）有无社会主义革命阶段的不同。共产主义于民主革命阶段之外，还有一个社会主义革命阶段，因此，于最低纲领之外，还有一个最高纲领，即实现社会主义和共产主义社会制度的纲领。三民主义则只有民主革命阶段，没有社会主义革命阶段，因此它就只有最低纲领，没有最高纲领，即没有建立社会主义和共产主义社会制度的纲领。（三）宇宙观的不同。共产主义的宇宙观是辩证唯物论和历史唯物论，三民主义的宇宙观则是所谓民生史观，实质上是二元论或唯心论，二者是相反的。（四）革命彻底性的不同。共产主义者是理论和实践一致的，即有革命彻底性。三民主义者除了那些最忠实于革命和真理的人们之外，是理论和实践不一致的，讲的和做的互相矛盾，即没有革命彻底性。上述这些，都是两者的不同部分。由于这些不同，共产主义者和三民主义者之间就有了差别。忽视这种差别，只看见统一方面，不看见矛盾方面，无疑是非常错误的。

明白了这些之后，就可以明白，资产阶级顽固派要求“收起”共产主义，这是什么意思呢？不是资产阶级的专制主义，就是毫无常识了。

一〇　旧三民主义和新三民主义

资产阶级顽固派完全不知道历史的变化，其知识的贫乏几等于零。他们既不知道共产主义和三民主义的区别，也不知道新三民主义和旧三民主义的区别。

我们共产党人承认“三民主义为抗日民族统一战线的政治基础”，承认“三民主义为中国今日之必需，本党愿为其彻底实现而奋斗”，承认共产主义的最低纲领和三民主义的政治原则基本上相同。但是这种三民主义是什么三民主义呢？这种三民主义不是任何别的三民主义，乃是孙中山先生在《中国国民党第一次全国代表大会宣言》中所重新解释的三民主义。我愿顽固派先生们，于其“限共”、“溶共”、“反共”等工作洋洋得意之余，也去翻阅一下这个宣言。原来孙中山先生在这个宣言中说道："国民党之三民主义，其真释具如此。"就可知只有这种三民主义，才是真三民主义，其他都是伪三民主义。只有《中国国民党第一次全国代表大会宣言》里对于三民主义的解释才是"真释"，其他一切都是伪释。这大概不是共产党"造谣"吧，这篇宣言的通过，我和很多的国民党员都是亲眼看见的。

这篇宣言，区分了三民主义的两个历史时代。在这以前，三民主义是旧范畴的三民主义，是旧的半殖民地资产阶级民主革命的三民主义，是旧民主主义的三民主义，是旧三民主义。

在这以后，三民主义是新范畴的三民主义，是新的半殖民地资产阶级民主革命的三民主义，是新民主主义的三民主义，是新三民主义。只有这种三民主义，才是新时期的革命的三民主义。

这种新时期的革命的三民主义，新三民主义或真三民主义，是联俄、联共、扶助农工三大政策的三民主义。没有三大政策，或三大政策缺一，在新时期中，就都是伪三民主义，或半三民主义。

第一，革命的三民主义，新三民主义，或真三民主义，必须是联俄的三民主义。现在的事情非常明白，如果没有联俄政策，不同社会主义国家联合，那就必然是联帝政策，必然同帝国主义联合。不见一九二七年之后，就已经有过这种情形吗？社会主义的苏联和帝国主义之间的斗争一经进一步尖锐化，中国不站在这方面，就要站在那方面，这是必然的趋势。难道不可以不偏不倚吗？这是梦想。全地球都要卷进这两个战线中去，在今后的世界中，"中立"只是骗人的名词。何况中国是在同一个深入国土的帝国主义奋斗，没有苏联帮助，就休想最后胜利。如果舍联俄而联帝，那就必须将"革命"二字取消，变成反动的三民主义。归根结底，没有"中立"的三民主义，只有革命的或反革命的三民主义。如果照汪精卫从前的话，来一个"夹攻中的奋斗"，来一个"夹攻中奋斗"的三民主义，岂不勇矣哉？但可惜连发明人汪精卫也放弃（或"收起"）了这种三民主义，他现在改取了联帝的三民主义。如果说帝亦有东帝西帝之分，他联的是东帝，我和他相反，联一批西帝，东向而击，又岂不革命矣哉？但无如西帝们要反苏反共，你联它们，它们就要请你北向而击，你革命也革不成。所有这些情形，就规定了革命的三民主义，新三民主义，或真三民主义，必须是联俄的三民主义，决不能是同帝国主义联合反俄的三民主义。

第二，革命的三民主义，新三民主义，或真三民主义，必须是联共的三民主义。如不联共，就要反共。反共是日本帝国主义和汪精卫的政策，你也要反共，那很好，他们就请你加入他们的反共公司。但这岂非有点当汉奸的嫌疑吗？我不跟日本走，单跟别国走。那也滑稽。不管你跟谁走，只要反共，你就是汉奸，因为你不能再抗日。我独立反共。那是梦话。岂有殖民地半殖民地的好汉们，能够不靠帝国主义之力，干得出如此反革命大事吗？昔日差不多动员了全世界帝国主义的气力反了十年之久还没有反了的共，今日忽能“独立”反之吗？听说外边某些人有这么一句话：“反共好，反不了。”如果传言非虚，那末，这句话只有一半是错的，“反共”有什么“好”呢？却有一半是对的，“反共”真是“反不了”。其原因，基本上不在于“共”而在于老百姓，因为老百姓欢喜“共”，却不欢喜“反”。老百姓是决不容情的，在一个民族敌人深入国土之时，你要反共，他们就要了你的命。这是一定的，谁要反共谁就要准备变成齑粉。如果没有决心准备变自己为齑粉的话，那就确实以不反为妙。这是我们向一切反共英雄们的诚恳的劝告。因之清楚而又清楚，今日的三民主义，必须是联共的三民主义，否则，三民主义就要灭亡。这是三民主义的存亡问题。联共则三民主义存，反共则三民主义亡，谁能证明其不然呢？

第三，革命的三民主义，新三民主义，或真三民主义，必须是农工政策的三民主义。不要农工政策，不真心实意地扶助农工，不实行《总理遗嘱》上的“唤起民众”，那就是准备革命失败，也就是准备自己失败。斯大林说：“所谓民族问题，实质上就是农民问题。”这就是说，中国的革命实质上是农民革命，现在的抗日，实质上是农民的抗日。新民主主义的政治，实质上就是授权给农民。新三民主义，真三民主义，实质上就是农民革命主义。大众文化，实质上就是提高农民文化。抗日战争，实质上就是农民战争。现在是“上山主义”的时候，大家开会、办事、上课、出报、著书、演剧，都在山头上，实质上都是为的农民。抗日的一切，生活的一切，实质上都是农民所给。说“实质上”，就是说基本上，并非忽视其他部分，这是斯大林自己解释过了的。中国有百分之八十的人口是农民，这是小学生的常识。因此农民问题，就成了中国革命的基本问题，农民的力量，是中国革命的主要力量。农民之外，中国人口中第二个部分就是工人。中国有产业工人数百万，有手工业工人和农业工人数千万。没有各种工业工人，中国就不能生活，因为他们是工业经济的生产者。没有近代工业工人阶级，革命就不能胜利，因为他们是中国革命的领导者，他们最富于革命性。在这种情形下，革命的三民主义，新三民主义或真三民主义，必然是农工政策的三民主义。如果有什么一种三民主义，它是没有农工政策的，它是并不真心实意扶助农工，并不实行“唤起民众”的，那就一定会灭亡。

由此可知，离开联俄、联共、扶助农工三大政策的三民主义，是没有前途的。一切有良心的三民主义者，必须认真地考虑到这点。

这种三大政策的三民主义，革命的三民主义，新三民主义，真三民主义，是新民主主义的三民主义，是旧三民主义的发展，是孙中山先生的大功劳，是在中国革命作为社会主义世界革命一部分的时代产生的。只有这种三民主义，中国共产党才称之为“中国今日之必需”，才宣布“愿为其彻底实现而奋斗”。只有这种三民主义，才和中国共产党在民主革命阶段中的政纲，即其最低纲领，基本上相同。

至于旧三民主义，那是中国革命旧时期的产物。那时的俄国是帝国主义的俄国，当然不能有联俄政策；那时国内也没有共产党，当然不能有联共政策；那时工农运动也没有充分显露自己在政治上的重要性，尚不为人们所注意，当然就没有联合工农的政策。因此，一九二四年国民党改组以前的三民主义，乃是旧范畴的三民主义，乃是过时了的三民主义。如不把它发展到新三民主义，国民党就不能前进。聪明的孙中山看到了这一点，得了苏联和中国共产党的助力，把三民主义重新作了解释，遂获得了新的历史特点，建立了三民主义同共产主义的统一战线，建立了第一次国共合作，取得了全国人民的同情，举行了一九二四年至一九二七年的革命。

旧三民主义在旧时期内是革命的，它反映了旧时期的历史特点。但如果在新时期内，在新三民主义已经建立之后，还要翻那老套；在有了社会主义国家以后，要反对联俄；在有了共产党之后，要反对联共；在工农已经觉悟并显示了自己的政治威力之后，要反对农工政策；那末，它就是不识时务的反动的东西了。一九二七年以后的反动，就是这种不识时务的结果。语曰："识时务者为俊杰。"我愿今日的三民主义者记取此语。

如果是旧范畴的三民主义，那就同共产主义的最低纲领没有什么基本上相同之点，因为它是旧时期的，是过时了的。如果有什么一种三民主义，它要反俄、反共、反农工，那就是反动的三民主义，它不但和共产主义的最低纲领没有丝毫相同之点，而且是共产主义的敌人，一切都谈不上。这也是三民主义者应该慎重地考虑一番的。

但是无论如何，在反帝反封建的任务没有基本上完成以前，新三民主义是不会被一切有良心的人们放弃的。放弃它的只是那些汪精卫、李精卫之流。汪精卫、李精卫们尽管起劲地干什么反俄、反共、反农工的伪三民主义，自会有一班有良心的有正义感的人们继续拥护孙中山的真三民主义。如果说，一九二七年反动之后，还有许多真三民主义者继续为中国革命而奋斗，那末，在一个民族敌人深入国土的今天，这种人无疑将是成千成万的。我们共产党人将始终和一切真诚的三民主义者实行长期合作，除了汉奸和那班至死不变的反共分子外，我们是决不抛弃任何友人的。

一一 新民主主义的文化

上面，我们说明了中国政治在新时期中的历史特点，说明了新民主主义共和国问题。下面，我们就可以进到文化问题了。

一定的文化是一定社会的政治和经济在观念形态上的反映。在中国，有帝国主义文化，这是反映帝国主义在政治上经济上统治或半统治中国的东西。这一部分文化，除了帝国主义在中国直接办理的文化机关之外，还有一些无耻的中国人也在提倡。一切包含奴化思想的文化，都属于这一类。在中国，又有半封建文化，这是反映半封建政治和半封建经济的东西，凡属主张尊孔读经、提倡旧礼教旧思想、反对新文化新思想的人们，都是这类文化的代表。帝国主义文化和半封建文化是非常亲热的两兄弟，它们结成文化上的反动同盟，反对中国的新文化。这类反动文化是替帝国主义和封建阶级服务的，是应该被打倒的东西。不把这种东西打倒，什么新文化都是建立不起来的。不破不立，不塞不流，不止不行，它们之间的斗争是生死斗争。

至于新文化，则是在观念形态上反映新政治和新经济的东西，是替新政治新经济服务的。

如我们在第三节中已经提过的话，中国自从发生了资本主义经济以来，中国社会就逐渐改变了性质，它不是完全的封建社会了，变成了半封建社会，虽然封建经济还是占优势。这种资本主义经济，对于封建经济说来，它是新经济。同这种资本主义新经济同时发生和发展着的新政治力量，就是资产阶级、小资产阶级和无产阶级的政治力量。而在观念形态上作为这种新的经济力量和新的政治力量之反映并为它们服务的东西，就是新文化。没有资本主义经济，没有资产阶级、小资产阶级和无产阶级，没有这些阶级的政治力量，所谓新的观念形态，所谓新文化，是无从发生的。

新的政治力量，新的经济力量，新的文化力量，都是中国的革命力量，它们是反对旧政治旧经济旧文化的。这些旧东西是由两部分合成的，一部分是中国自己的半封建的政治经济文化，另一部分是帝国主义的政治经济文化，而以后者为盟主。所有这些，都是坏东西，都是应该彻底破坏的。中国社会的新旧斗争，就是人民大众（各革命阶级）的新势力和帝国主义及封建阶级的旧势力之间的斗争。这种新旧斗争，即是革命和反革命的斗争。这种斗争的时间，从鸦片战争算起，已经整整一百年了；从辛亥革命算起，也有了差不多三十年了。

但是如前所说，革命亦有新旧之分，在某一历史时期是新的东西，在另一历史时期就变为旧的了。在中国资产阶级民主革命的一百年中，分为前八十年和后二十年两个大段落。这两大段落中，各有一个基本的带历史性质的特点，即在前八十年，中国资产阶级民主革命是属于旧范畴的；而在后二十年，由于国际国内政治形势的变化，便属于新范畴了。旧民主主义——前八十年的特点。新民主主义——后二十年的特点。这种区别，在政治上如此，在文化上也是如此。

在文化上如何表现这种区别呢？这就是我们要在下面说明的问题。

一二　中国文化革命的历史特点

在中国文化战线或思想战线上，“五四”以前和“五四”以后，构成了两个不同的历史时期。

在“五四”以前，中国文化战线上的斗争，是资产阶级的新文化和封建阶级的旧文化的斗争。在“五四”以前，学校与科举之争，新学与旧学之争，西学与中学之争，都带着这种性质。那时的所谓学校、新学、西学，基本上都是资产阶级代表们所需要的自然科学和资产阶级的社会政治学说（说基本上，是说那中间还夹杂了许多中国的封建余毒在内）。在当时，这种所谓新学的思想，有同中国封建思想作斗争的革命作用，是替旧时期的中国资产阶级民主革命服务的。可是，因为中国资产阶级的无力和世界已经进到帝国主义时代，这种资产阶级思想只能上阵打几个回合，就被外国帝国主义的奴化思想和中国封建主义的复古思想的反动同盟所打退了，被这个思想上的反动同盟军稍稍一反攻，所谓新学，就偃旗息鼓，宣告退却，失了灵魂，而只剩下它的躯壳了。旧的资产阶级民主主义文化，在帝国主义时代，已经腐化，已经无力了，它的失败是必然的。

“五四”以后则不然。在“五四”以后，中国产生了完全崭新的文化生力军，这就是中国共产党人所领导的共产主义的文化思想，即共产主义的宇宙观和社会革命论。五四运动是在一九一九年，中国共产党的成立和劳动运动的真正开始是在一九二一年，均在第一次世界大战和十月革命之后，即在民族问题和殖民地革命运动在世界上改变了过去面貌之时，在这里中国革命和世界革命的联系，是非常之显然的。由于中国政治生力军即中国无产阶级和中国共产党登上了中国的政治舞台，这个文化生力军，就以新的装束和新的武器，联合一切可能的同盟军，摆开了自己的阵势，向着帝国主义文化和封建文化展开了英勇的进攻。这支生力军在社会科学领域和文学艺术领域中，不论在哲学方面，在经济学方面，在政治学方面，在军事学方面，在历史学方面，在文学方面，在艺术方面（又不论是戏剧，是电影，是音乐，是雕刻，是绘画），都有了极大的发展。二十年来，这个文化新军的锋芒所向，从思想到形式（文字等），无不起了极大的革命。其声势之浩大，威力之猛烈，简直是所向无敌的。其动员之广大，超过中国任何历史时代。而鲁迅，就是这个文化新军的最伟大和最英勇的旗手。鲁迅是中国文化革命的主将，他不但是伟大的文学家，而且是伟大的思想家和伟大的革命家。鲁迅的骨头是最硬的，他没有丝毫的奴颜和媚骨，这是殖民地半殖民地人民最可宝贵的性格。鲁迅是在文化战线上，代表全民族的大多数，向着敌人冲锋陷阵的最正确、最勇敢、最坚决、最忠实、最热忱的空前的民族英雄。鲁迅的方向，就是中华民族新文化的方向。

在“五四”以前，中国的新文化，是旧民主主义性质的文化，属于世界资产阶级的资本主义的文化革命的一部分。在“五四”以后，中国的新文化，却是新民主主义性质的文化，属于世界无产阶级的社会主义的文化革命的一部分。

在“五四”以前，中国的新文化运动，中国的文化革命，是资产阶级领导的，他们还有领导作用。在“五四”以后，这个阶级的文化思想却比较它的政治上的东西还要落后，就绝无领导作用，至多在革命时期在一定程度上充当一个盟员，至于盟长资格，就不得不落在无产阶级文化思想的肩上。这是铁一般的事实，谁也否认不了的。

所谓新民主主义的文化，就是人民大众反帝反封建的文化；在今日，就是抗日统一战线的文化。这种文化，只能由无产阶级的文化思想即共产主义思想去领导，任何别的阶级的文化思想都是不能领导了的。所谓新民主主义的文化，一句话，就是无产阶级领导的人民大众的反帝反封建的文化。

一三　四个时期

文化革命是在观念形态上反映政治革命和经济革命，并为它们服务的。在中国，文化革命，和政治革命同样，有一个统一战线。

这种文化革命的统一战线，二十年来，分为四个时期。第一个时期是一九一九年到一九二一年的两年，第二个时期是一九二一年到一九二七年的六年，第三个时期是一九二七年到一九三七年的十年，第四个时期是一九三七年到现在的三年。

第一个时期是一九一九年五四运动到一九二一年中国共产党成立。这一时期中以五四运动为主要的标志。

五四运动是反帝国主义的运动，又是反封建的运动。五四运动的杰出的历史意义，在于它带着为辛亥革命还不曾有的姿态，这就是彻底地不妥协地反帝国主义和彻底地不妥协地反封建主义。五四运动所以具有这种性质，是在当时中国的资本主义经济已有进一步的发展，当时中国的革命知识分子眼见得俄、德、奥三大帝国主义国家已经瓦解，英、法两大帝国主义国家已经受伤，而俄国无产阶级已经建立了社会主义国家，德、奥（匈牙利）、意三国无产阶级在革命中，因而发生了中国民族解放的新希望。五四运动是在当时世界革命号召之下，是在俄国革命号召之下，是在列宁号召之下发生的。五四运动是当时无产阶级世界革命的一部分。五四运动时期虽然还没有中国共产党，但是已经有了大批的赞成俄国革命的具有初步共产主义思想的知识分子。五四运动，在其开始，是共产主义的知识分子、革命的小资产阶级知识分子和资产阶级知识分子（他们是当时运动中的右翼）三部分人的统一战线的革命运动。它的弱点，就在只限于知识分子，没有工人农民参加。但发展到六三运动时，就不但是知识分子，而且有广大的无产阶级、小资产阶级和资产阶级参加，成了全国范围的革命运动了。五四运动所进行的文化革命则是彻底地反对封建文化的运动，自有中国历史以来，还没有过这样伟大而彻底的文化革命。当时以反对旧道德提倡新道德、反对旧文学提倡新文学为文化革命的两大旗帜，立下了伟大的功劳。这个文化运动，当时还没有可能普及到工农群众中去。它提出了“平民文学”口号，但是当时的所谓“平民”，实际上还只能限于城市小资产阶级和资产阶级的知识分子，即所谓市民阶级的知识分子。五四运动是在思想上和干部上准备了一九二一年中国共产党的成立，又准备了五卅运动和北伐战争。当时的资产阶级知识分子，是五四运动的右翼，到了第二个时期，他们中间的大部分就和敌人妥协，站在反动方面了。

第二个时期，以中国共产党的成立和五卅运动、北伐战争为标志，继续了并发展了五四运动时三个阶级的统一战线，吸引了农民阶级加入，并且在政治上形成了这个各阶级的统一战线，这就是第一次国共两党的合作。孙中山先生之所以伟大，不但因为他领导了伟大的辛亥革命（虽然是旧时期的民主革命），而且因为他能够“适乎世界之潮流，合乎人群之需要”，提出了联俄、联共、扶助农工三大革命政策，对三民主义作了新的解释，树立了三大政策的新三民主义。在这以前，三民主义是和教育界、学术界、青年界没有多大联系的，因为它没有提出反帝国主义的口号，也没有提出反封建社会制度和反封建文化思想的口号。在这以前，它是旧三民主义，这种三民主义是被人们看成为一部分人为了夺取政府权力，即是说为了做官，而临时应用的旗帜，看成为纯粹政治活动的旗帜。在这以后，出现了三大政策的新三民主义。由于国共两党的合作，由于两党革命党员的努力，这种新三民主义便被推广到了全中国，推广到了一部分教育界、学术界和广大青年学生之中。这完全是因为原来的三民主义发展成了反帝反封建的三大政策的新民主主义的三民主义之故；没有这一发展，三民主义思想的传播是不可能的。

在这一时期中，这种革命的三民主义，成了国共两党和各个革命阶级的统一战线的政治基础，“共产主义是三民主义的好朋友”，两个主义结成了统一战线。以阶级论，则是无产阶级、农民阶级、城市小资产阶级、资产阶级的统一战线。那时，以共产党的《向导周报》，国民党的上海《民国日报》及各地报纸为阵地，曾经共同宣传了反帝国主义的主张，共同反对了尊孔读经的封建教育，共同反对了封建古装的旧文学和文言文，提倡了以反帝反封建为内容的新文学和白话文。在广东战争和北伐战争中，曾经在中国军队中灌输了反帝反封建的思想，改造了中国的军队。在千百万农民群众中，提出了打倒贪官污吏打倒土豪劣绅的口号，掀起了伟大的农民革命斗争。由于这些，再由于苏联的援助，就取得了北伐的胜利。但是大资产阶级一经爬上了政权，就立即结束了这次革命，转入了新的政治局面。

第三个时期是一九二七年至一九三七年的新的革命时期。因为在前一时期的末期，革命营垒中发生了变化，中国大资产阶级转到了帝国主义和封建势力的反革命营垒，民族资产阶级也附和了大资产阶级，革命营垒中原有的四个阶级，这时剩下了三个，剩下了无产阶级、农民阶级和其他小资产阶级（包括革命知识分子），所以这时候，中国革命就不得不进入一个新的时期，而由中国共产党单独地领导群众进行这个革命。这一时期，是一方面反革命的“围剿”，又一方面革命深入的时期。这时有两种反革命的“围剿”：军事“围剿”和文化“围剿”。也有两种革命深入：农村革命深入和文化革命深入。这两种“围剿”，在帝国主义策动之下，曾经动员了全中国和全世界的反革命力量，其时间延长至十年之久，其残酷是举世未有的，杀戮了几十万共产党员和青年学生，摧残了几百万工人农民。

从当事者看来，似乎以为共产主义和共产党是一定可以“剿尽杀绝”的了。但结果却相反，两种“围剿”都惨败了。作为军事“围剿”的结果的东西，是红军的北上抗日；作为文化“围剿”的结果的东西，是一九三五年“一二九”青年革命运动的爆发。而作为这两种“围剿”之共同结果的东西，则是全国人民的觉悟。这三者都是积极的结果。其中最奇怪的，是共产党在国民党统治区域内的一切文化机关中处于毫无抵抗力的地位，为什么文化“围剿”也一败涂地了？这还不可以深长思之吗？而共产主义者的鲁迅，却正在这一“围剿”中成了中国文化革命的伟人。

反革命“围剿”的消极的结果，则是日本帝国主义打进来了。这就是为什么全国人民至今还是非常痛恨那十年反共的最大原因。

这一时期的斗争，在革命方面，是坚持了人民大众反帝反封建的新民主主义和新三民主义；在反革命方面，则是在帝国主义指挥下的地主阶级和大资产阶级联盟的专制主义。这种专制主义，在政治上，在文化上，腰斩了孙中山的三大政策，腰斩了他的新三民主义，造成了中华民族的深重的灾难。

第四个时期就是现在的抗日战争时期。在中国革命的曲线运动中，又来了一次四个阶级的统一战线，但是范围更放大了，上层阶级包括了很多统治者，中层阶级包括了民族资产阶级和小资产阶级，下层阶级包括了一切无产者，全国各阶层都成了盟员，坚决地反抗了日本帝国主义。这个时期的第一阶段，是在武汉失陷以前。这时全国各方面是欣欣向荣的，政治上有民主化的趋势，文化上有较普遍的动员。武汉失陷以后，为第二阶段，政治情况发生了许多变化，大资产阶级的一部分，投降了敌人，其另一部分也想早日结束抗战。在文化方面，反映这种情况，就出现了叶青、张君劢等人的反动和言论出版的不自由。

为了克服这种危机，必须同一切反抗战、反团结、反进步的思想进行坚决的斗争，不击破这些反动思想，抗战的胜利是无望的。这一斗争的前途如何？这是全国人民心目中的大问题。依据国内国际条件，不论抗战路程上有多少困难，中国人民总是要胜利的。全部中国史中，五四运动以后二十年的进步，不但赛过了以前的八十年，简直赛过了以前的几千年。假如再有二十年的工夫，中国的进步将到何地，不是可以想得到的吗？一切内外黑暗势力的猖獗，造成了民族的灾难；但是这种猖獗，不但表示了这些黑暗势力的还有力量，而且表示了它们的最后挣扎，表示了人民大众逐渐接近了胜利。这在中国是如此，在整个东方也是如此，在世界也是如此。

一四　文化性质问题上的偏向

一切新的东西都是从艰苦斗争中锻炼出来的。新文化也是这样，二十年中有三个曲折，走了一个“之”字，一切好的坏的东西都考验出来了。

资产阶级顽固派，在文化问题上，和他们在政权问题上一样，是完全错误的。他们不知道中国新时期的历史特点，他们不承认人民大众的新民主主义的文化。他们的出发点是资产阶级专制主义，在文化上就是资产阶级的文化专制主义。一部分所谓欧美派的文化人（我说的是一部分），他们曾经实际赞助过国民党政府的文化“剿共”，现在似乎又在赞助什么“限共”、“溶共”政策。他们不愿工农在政治上抬头，也不愿工农在文化上抬头。资产阶级顽固派的这条文化专制主义的路是走不通的，它同政权问题一样，没有国内国际的条件。因此，这种文化专制主义，也还是“收起”为妙。

当作国民文化的方针来说，居于指导地位的是共产主义的思想，并且我们应当努力在工人阶级中宣传社会主义和共产主义，并适当地有步骤地用社会主义教育农民及其他群众。但整个的国民文化，现在也还不是社会主义的。

新民主主义的政治、经济、文化，由于其都是无产阶级领导的缘故，就都具有社会主义的因素，并且不是普通的因素，而是起决定作用的因素。但是就整个政治情况、整个经济情况和整个文化情况说来，却还不是社会主义的，而是新民主主义的。因为在现阶段革命的基本任务主要地是反对外国的帝国主义和本国的封建主义，是资产阶级民主主义的革命，还不是以推翻资本主义为目标的社会主义的革命。就国民文化领域来说，如果以为现在的整个国民文化就是或应该是社会主义的国民文化，这是不对的。这是把共产主义思想体系的宣传，当作了当前行动纲领的实践；把用共产主义的立场和方法去观察问题、研究学问、处理工作、训练干部，当作了中国民主革命阶段上整个的国民教育和国民文化的方针。以社会主义为内容的国民文化必须是反映社会主义的政治和经济的。我们在政治上经济上有社会主义的因素，反映到我们的国民文化也有社会主义的因素；但就整个社会来说，我们现在还没有形成这种整个的社会主义的政治和经济，所以还不能有这种整个的社会主义的国民文化。由于现时的中国革命是世界无产阶级社会主义革命的一部分，因而现时的中国新文化也是世界无产阶级社会主义新文化的一部分，是它的一个伟大的同盟军；这种一部分，虽则包含社会主义文化的重大因素，但是就整个国民文化来说，还不是完全以社会主义文化的资格去参加，而是以人民大众反帝反封建的新民主主义文化的资格去参加的。由于现时中国革命不能离开中国无产阶级的领导，因而现时的中国新文化也不能离开中国无产阶级文化思想的领导，即不能离开共产主义思想的领导。但是这种领导，在现阶段是领导人民大众去作反帝反封建的政治革命和文化革命，所以现在整个新的国民文化的内容还是新民主主义的，不是社会主义的。

在现时，毫无疑义，应该扩大共产主义思想的宣传，加紧马克思列宁主义的学习，没有这种宣传和学习，不但不能引导中国革命到将来的社会主义阶段上去，而且也不能指导现时的民主革命达到胜利。但是我们既应把对于共产主义的思想体系和社会制度的宣传，同对于新民主主义的行动纲领的实践区别开来；又应把作为观察问题、研究学问、处理工作、训练干部的共产主义的理论和方法，同作为整个国民文化的新民主主义的方针区别开来。把二者混为一谈，无疑是很不适当的。

由此可知，现阶段上中国新的国民文化的内容，既不是资产阶级的文化专制主义，又不是单纯的无产阶级的社会主义，而是以无产阶级社会主义文化思想为领导的人民大众反帝反封建的新民主主义。

一五　民族的科学的大众的文化

这种新民主主义的文化是民族的。它是反对帝国主义压迫，主张中华民族的尊严和独立的。它是我们这个民族的，带有我们民族的特性。它同一切别的民族的社会主义文化和新民主主义文化相联合，建立互相吸收和互相发展的关系，共同形成世界的新文化；但是决不能和任何别的民族的帝国主义反动文化相联合，因为我们的文化是革命的民族文化。中国应该大量吸收外国的进步文化，作为自己文化食粮的原料，这种工作过去还做得很不够。这不但是当前的社会主义文化和新民主主义文化，还有外国的古代文化，例如各资本主义国家启蒙时代的文化，凡属我们今天用得着的东西，都应该吸收。但是一切外国的东西，如同我们对于食物一样，必须经过自己的口腔咀嚼和胃肠运动，送进唾液胃液肠液，把它分解为精华和糟粕两部分，然后排泄其糟粕，吸收其精华，才能对我们的身体有益，决不能生吞活剥地毫无批判地吸收。所谓“全盘西化”的主张，乃是一种错误的观点。形式主义地吸收外国的东西，在中国过去是吃过大亏的。中国共产主义者对于马克思主义在中国的应用也是这样，必须将马克思主义的普遍真理和中国革命的具体实践完全地恰当地统一起来，就是说，和民族的特点相结合，经过一定的民族形式，才有用处，决不能主观地公式地应用它。公式的马克思主义者，只是对于马克思主义和中国革命开玩笑，在中国革命队伍中是没有他们的位置的。中国文化应有自己的形式，这就是民族形式。民族的形式，新民主主义的内容——这就是我们今天的新文化。

这种新民主主义的文化是科学的。它是反对一切封建思想和迷信思想，主张实事求是，主张客观真理，主张理论和实践一致的。在这点上，中国无产阶级的科学思想能够和中国还有进步性的资产阶级的唯物论者和自然科学家，建立反帝反封建反迷信的统一战线；但是决不能和任何反动的唯心论建立统一战线。共产党员可以和某些唯心论者甚至宗教徒建立在政治行动上的反帝反封建的统一战线，但是决不能赞同他们的唯心论或宗教教义。中国的长期封建社会中，创造了灿烂的古代文化。清理古代文化的发展过程，剔除其封建性的糟粕，吸收其民主性的精华，是发展民族新文化提高民族自信心的必要条件；但是决不能无批判地兼收并蓄。必须将古代封建统治阶级的一切腐朽的东西和古代优秀的人民文化即多少带有民主性和革命性的东西区别开来。中国现时的新政治新经济是从古代的旧政治旧经济发展而来的，中国现时的新文化也是从古代的旧文化发展而来，因此，我们必须尊重自己的历史，决不能割断历史。但是这种尊重，是给历史以一定的科学的地位，是尊重历史的辩证法的发展，而不是颂古非今，不是赞扬任何封建的毒素。对于人民群众和青年学生，主要地不是要引导他们向后看，而是要引导他们向前看。

这种新民主主义的文化是大众的，因而即是民主的。它应为全民族中百分之九十以上的工农劳苦民众服务，并逐渐成为他们的文化。要把教育革命干部的知识和教育革命大众的知识在程度上互相区别又互相联结起来，把提高和普及互相区别又互相联结起来。革命文化，对于人民大众，是革命的有力武器。革命文化，在革命前，是革命的思想准备；在革命中，是革命总战线中的一条必要和重要的战线。而革命的文化工作者，就是这个文化战线上的各级指挥员。“没有革命的理论，就不会有革命的运动”，可见革命的文化运动对于革命的实践运动具有何等的重要性。而这种文化运动和实践运动，都是群众的。因此，一切进步的文化工作者，在抗日战争中，应有自己的文化军队，这个军队就是人民大众。革命的文化人而不接近民众，就是“无兵司令”，他的火力就打不倒敌人。为达此目的，文字必须在一定条件下加以改革，言语必须接近民众，须知民众就是革命文化的无限丰富的源泉。

民族的科学的大众的文化，就是人民大众反帝反封建的文化，就是新民主主义的文化，就是中华民族的新文化。

新民主主义的政治、新民主主义的经济和新民主主义的文化相结合，这就是新民主主义共和国，这就是名副其实的中华民国，这就是我们要造成的新中国。

新中国站在每个人民的面前，我们应该迎接它。

新中国航船的桅顶已经冒出地平线了，我们应该拍掌欢迎它。

举起你的双手吧，新中国是我们的。

第一章　《新民主主义论》写作背景

一 抗日战争进入相持阶段后国际国内形势的发展变化

1938 年 10 月武汉和广州失守后，抗日战争进入战略相持阶段。伴随相持阶段的到来，国际国内形势也发生了重大变化。

（一）国际形势

1. 英、美等国的远东政策

抗日战争爆发后，英、美等国出于自身利益的考虑，对日本采取表面“中立”的绥靖主义政策。英、美政府的妥协退让，进一步助长了日本帝国主义的侵略气焰。日本侵略军占领广州、武汉之后，日本政府随即于 1938 年 11 月 3 日发表第二次近卫声明，宣布要建立以“日、满、华三国合作”为基础的“东亚新秩序”，公开排斥英美等国的在华利益。日本提出“建设东亚新秩序”，是对美国“门户开放”政策的进一步否定，这样，它与英、法、美等国的矛盾进一步加剧。英、美等国为维护其在远东和中国的利益，一方面，开始加强对华援助，帮助中国抗日，希望借中日战争进一步削弱日本的实力；另一方面，仍然没有放弃绥靖主义的妥协政策，避免造成同日本的直接冲突，以缓和彼此之间的矛盾。1938 年 12 月，美国政府首次向中国提供 2500 万美元的贷款，开始支援中国抗战。1939 年 3 月，日本在占领中国海南岛之后，提出了对南太平洋的主权要求，直接威胁到英、美在东南亚的利益。为防范日本的南进，美国对日本采取了一定的遏制政策，对中国的抗战采取了进一步支持的态度。但美国在开始支援中国抗战的同时，仍然没有中断和日本的贸易关系，依旧卖给日本大量的战略物资，希望借此缓和两国之间的矛盾。1939 年 9 月，德国入侵波兰，欧洲战争全面爆发。英、法等国为应付德国的进攻，无暇东顾，日本政府为呼应德国在欧洲的战争，利用德国在欧洲的胜利，进一步排斥英、美等国的在华利益。11 月，英、法同意日本所要求的撤走其在中国的驻军，力图与日本达成妥协和让步。英、美等国妥协退让的“绥靖政策”助长了日本法西斯势力的嚣张气焰，造成亚洲形势的进一步危机。

2. 日本对华进攻政策的调整

1938 年秋，日本虽然已占据了中国华北、华中、华南半壁江山以及重要交通线，掠夺了大量战略资源，但是，日本的全面进攻，并没有摧毁中国的抵抗力量，更没有动摇中国人民的抗战意志。由于全国人民的团结抗战，粉碎了日本妄图 3 个月灭亡中国的狂妄计划。随着日军在中国占领区的扩大，战线的拉长，兵力的分散以及长期战争的消耗，其财力、物力、兵力不足的弱点逐渐暴露出来。到 1938 年年底，日本陆军在中国战场上投入的兵力已达 24 个师团，在中国东北投入关东军 8 个师团，只有 1 个师团留在国内。而此时，日军在战争中的伤亡人数已达 44.7 万多人。同时，由于战争扩大，沉重的战争消耗和军事工业的畸形发展，造成日本本国的财政经济日益陷入困境，税收加重，人民和士兵的反战、厌战情绪上升，国内危机日深。中国抗战方面，国民党正面战场的军队虽然在战争中遭受重大损失，但抗战仍在继续，使得日本不能不使用一定的兵力对付国民党军队。中国共产党领导的敌后抗日游击战争的发展，使日军在其占领区内，只能控制一些大中城市和主要交通线，而广大的农村地区则掌握在以八路军、新四军为主的中国军队手中。敌后抗日游击战争的发展和抗日根据地的开辟，使日军的后方遭到严重威胁，进退两难，从而出现了正面战场和敌后战场互相支援、相互配合的持久抗战局面。同时，随着第二次世界大战的全面爆发，日本利用欧战使英、法、美无暇东顾之机，加紧了对苏作战以及同英、美等国争夺太平洋地区霸权的步伐，所以能用于中国战场的兵力已近极限，因此，日本不得不开始调整对华进攻政策。

在政治上，日本政府开始从反蒋转为拉蒋。1938 年 11 月 3 日，日本政府发表第二次近卫声明，表示“如果国民政府抛弃以前的一贯政策，更换人事组织，取得新生的成果，参加新秩序的建设，我方并不予以拒绝”[1]。这就改变了 1938 年 1 月第一次近卫声明中提出的日本不以中国国民政府为谈判对手，期待真正能与其合作的中国新政权的建立与发展的对华政策。同年 12 月 22 日，日本政府又发表第三次近卫声明，提出所谓善邻友好、共同防共、经济提携的“三原则”，并表示只要蒋介石降日反共，日本就同他“合作”。1939 年 3 月，新任日本首相平沼在国会演讲时提出：“蒋介石将军与其所领导的政府，假使能重新考虑其态度，与日本共同合作，谋求东亚新秩序之建立，日本则准备与之作中止敌对行为之谈判。”这就从根本上改变了日本在中日战争初期以军事进攻为主、外交攻势为辅的对华政策，确立了政治诱降为主、军事进攻为辅的新的对华方针。其意图在于借助战争初期的军事胜利，向国民政府施加压力，并以承认其地位为诱饵，诱使国民党政府对日妥协。

在军事上，为了早日结束在中国的战争，摆脱战略被动，日本对其军事战略进行了调整。从 1938 年 10 月起，日军对华作战方针开始转向以巩固占领区为主，确保已占领的地区而不是再扩大进攻了。其主要军事打击目标是以敌后战场为主，固定配备充分的兵力，确保对中共所领导的抗日根据地所在的城市和交通要道的控制。而对于正面战场，要求把兵力配备在最小限度内，对国民党军实施有限的局部进攻。1938 年 11 月到 1939 年 7 月 9 个月的时间里，日军在其中的 8 个月内以 85% 的兵力，对敌后抗日根据地进行频繁的围攻和“扫荡”，其中，只有 1 个月以 15% 的兵力对国民党军进行了局部进攻。正如朱德所说："从一九三八年十月武汉失守之后，一直到一九四四年日寇重新向国民党战场作了一次带战略性的进攻为止，其间共五年半之久；在这样长久的时间之内，日寇在华的主力是在对着解放区作战，解放区战场抵抗的敌伪力量，到一九四三年，竟占侵华日军的百分之六十四、伪军的百分之九十五，而在这同一期间，国民党战场并没有严重的战争。"[2] 日本军事方针的调整，目的也是企图以此诱导蒋介石降日反共。

（二）国内形势

1. 国民党反共投降倾向日益增长

抗日战争进入相持阶段后，由于日本调整了对华政策，改变了过去军事进攻为主的策略，改为政治诱降为主，加之英、美等国对日本继续推行"绥靖主义"政策，特别是中国共产党领导的人民军队和群众抗日武装力量的不断发展壮大，国民党统治集团开始发生动摇，妥协退让倾向日益增长，投降、分裂、倒退活动日益严重，国民党内部开始出现分化。以汪精卫为代表的亲日派公开投敌叛国，以蒋介石为代表的亲英美派也逐渐将其重点转向消极抗日、积极反共上来。

汪精卫是国民党副总裁、中央政治委员会主席、国防最高会议副主席、国民参政会议长，国民党亲日派的主要代表人物。早在1937年卢沟桥事变爆发后，汪精卫一伙就开始散布失败主义的言论。1937年7月29日，汪精卫发表广播讲话，声称"中国比日本进步迟了六七十年，中国的国家力量，不能挡住日本的侵略"。8月3日，又发表讲话说："和呢，是会吃苦的，就老实地承认吃亏"，"战呢，是会打败仗的，就老实地承认打败仗"，"我们不作高调，以引起无谓的冲动"。他公然鼓吹"战必打败，和未必打乱"的对日妥协投降的论调。同时，汪派成员陶希圣、周佛海、高宗武、梅思平、董道宁等人组成了所谓"低调俱乐部"，在国民党内散布投降主义言论，酝酿对日的“和平运动”。南京沦陷后，汪派集团的投降主义活动开始从宣传走向积极与日本勾结的实际行动。1938 年抗日战争进入相持阶段后，由于日本对华策略出现调整，汪精卫集团更加活跃起来，加紧了与日本勾结的步伐。1938 年 11 月 3 日，在日本发表的第二次近卫声明中，声称如果国民政府“更换人事组织”，参加“新秩序建设”，日方“并不予以拒绝”。这里所说的“更换人事组织”，实际是在暗示汪精卫，日方坚持“扶汪排蒋”的方针。在声明发表后，汪精卫等积极响应，立即派高宗武、梅思平等人秘密到上海同日方代表影佐祯昭等进行谈判。11 月 20 日，与日方签订了《日华协议记录》等卖国文件，双方商定上述协定一旦公开发表，汪精卫等即发表声明，与蒋介石断绝关系，准备成立新政府，实行中日合作，建立东亚新秩序。12 月 18 日，汪精卫等人开始实施其叛逃计划，从重庆乘机经由昆明逃往河内。1938 年 12 月 22 日，以“日汪协定”为基础，日本政府发表第三次近卫声明，向国民党政府呼吁：“日满华三国应以建设东亚新秩序为共同目标而联合起来，共同谋求实现睦邻友好、共同防共和经济合作。”同时宣称，日本愿“和中国同感忧虑、具有卓识远见的人士合作，为建设东亚新秩序而迈进”[3]。以此来策应汪精卫集团的叛国活动。12 月 29 日，汪精卫以致国民党中央党部蒋总裁暨中央执监委员电，即“艳（29 日）电”的方式，公开响应近卫声明所提出的“善邻友好”、“共同防共”和“经济提携”三原则，建议国民党依此三点，“与日本政府交换诚意，以期恢复和平”。“如国民政府根据以上三点，为和平谈判，则交涉之途径已开。”同时，要中国共产党“彻底抛弃其组织及宣传，并取消其边区政府及军队之特殊组织”。至此，汪精卫集团的降日反共面目暴露无遗。此后，在日本的授意安排下，1939 年 8 月 28 日，汪精卫集团盗用中国国民党名义，在上海召开伪“国民党第六次全国代表大会”。会上，汪精卫被推选为临时主席，并通过了所谓党纲及调整中日关系及“和平建国”等提案。1940 年，又在日占区成立了伪中央政府——“中华民国国民政府”，公开走上了投降叛国的道路。

以蒋介石为代表的国民党亲英美派，虽然继续主张抗战，但是在英、美的压力和日本的诱降下，表现出严重的妥协退让倾向，开始推行消极抗日、积极反共的政策。1939 年 4 月 21 日至 30 日，国民党召开了五届五中全会。会上，蒋介石虽然仍声言要“持久抗战奋斗到底”，但是他对抗战到底的“底”却作了自己的一番解释。他说：“抗战到底的底在哪里？是否是日本亡了或者中国亡了才算到底，必须有一界说。现在要打到日本亡了，那不可能。或说武汉失守了就算到底，那太离奇了。”“在卢沟桥事变前现状未恢复，平津未收复以前不能与日本开外交谈判。”“我们不恢复七七事变以前原状就是灭亡，恢复了就是胜利。”[4] 从蒋介石的讲话中，可以看出他说的抗战到底就是恢复七七事变前的原状；换言之，就是可以以牺牲中国东北为条件与日本帝国主义进行“外交谈判”，这充分表明了他在抗日问题上的妥协退让态度。除抗战问题外，研究“如何与共产党作积极之斗争”是五届五中全会的核心议题。随着抗日进入相持阶段，共产党领导的军队及人民抗日武装力量不断发展壮大，这引起了国民党的不安与恐惧，蒋介石集团的反共倾向明显增长。蒋介石在会上说：“对中共是要斗争的，不好怕它。”对中共“应采取不打它，但也不迁就它，现在对它要严正——管束——教训——保育——现在要溶共——不要容共。它如能取消共产主义我们就容纳它”[5]。为此，会议确定了“溶共”“防共”“限共”“反共”方针。会议秘密通过了《整理党务》决议，规定国民党嗣后以防共、反共为中心任务，加紧组织发展，扩张势力，以与中共相对抗。同时决定设立专门的反共机构即“防共委员会”。五届五中全会后，国民党中央又陆续制定和颁布了一系列反共秘密文件，如《防制异党活动办法》《共党问题处置办法》《异党问题处理办法》《运用保甲组织防止异党活动办法》《沦陷区防范共党办法草案》等。这些文件由国民党党政军各系统转发饬令各地“加紧努力，切实执行”。

在这种反共方针的指导下，国民党当局在全国各地制造了一系列的反共摩擦事件，对中共极尽防范、排挤、打击之能事。从 1938 年冬起，国民党的反共限共活动不断加剧。1938 年冬，国民党军队在敌后成立鲁苏和冀察两个战区司令部，并增派部队和游击武装到敌后，虽然名义上是为了抗日，但是实际上经常在共产党领导的抗日根据地周围制造反共军事摩擦。1939 年初，国民党冀察战区总司令兼河北省政府主席鹿钟麟，指使张荫梧等部在华北进行反共军事摩擦，袭击八路军，摧毁抗日政权。4 月 30 日，国民党军秦启荣部在山东博山袭击八路军山东纵队第三支队，捕杀团以下干部、战士 200 余人，制造了“博山惨案”。1939 年 6 月至 12 月，八路军山东纵队遭到国民党军队 90 多次进攻，被杀 1350 人，被扣 812 人。1939 年 6 月 11 日，国民党军张荫梧部袭击冀中根据地深县八路军后方机关，杀害八路军干部、战士 400 余人，制造了“深县惨案”。在华中地区，1939 年 6 月 12 日，国民党军杨森部袭击新四军湖南平江通讯处，杀害新四军参议涂正坤、八路军少校副官罗梓铭等 6 人，掠走枪支财物。9 月，国民党湖北保安司令程汝怀部围攻鄂东新集的新四军独立游击第五大队的后方机关，残杀共产党员和大批群众。11 月 11 日，国民党河南确山县县长率军警特务袭击确山县竹沟镇新四军第八团留守处，杀害新四军伤病员、家属及当地群众 200 余人，制造了“确山惨案”。在陕甘宁边区，国民党先后调集胡宗南等部及地方武装约 30 余万人，从北、西、南三面包围、封锁陕甘宁地区。从 1938 年 12 月至 1939 年 10 月，国民党先后制造反共军事摩擦事件 150 多起，其中军事进攻 28 起。

1939 年 11 月，国民党召开五届六中全会，进一步确定以“军事限共为主，政治限共为辅”的方针，从而使反共军事摩擦不断升级。1939 年冬至 1940 年春，国民党顽固派的反共活动日趋猖獗，由制造小规模的军事摩擦发展成为对陕甘宁地区、晋西地区、太行山地区三次大规模的军事进攻，形成了第一次反共高潮。国民党顽固派首先把矛头指向陕甘宁边区。1939 年 12 月，国民党军胡宗南部在地方反共势力的配合下，首先在边区西部的陇东地区和南部关中地区发动进攻。此后，国民党第八战区副司令长官兼甘肃省主席朱绍良奉蒋介石密令，指挥军队和保安队围攻陕甘宁边区，并先后袭占八路军驻防的宁县、镇原、栒邑、淳化、正宁等县城，并俟机向中共中央所在地延安发起进攻。同时，蒋介石还指使国民党绥德地区专员何绍南袭击八路军军政机关，企图迫使八路军退出绥德地区，以此配合胡宗南的进攻。山西是国民党顽固派制造反共军事摩擦的另一个重点地区。1939 年 12 月，国民党第二战区司令长官阎锡山命令在晋西的中共领导的决死队第二纵队向同蒲路大举破袭，对日军开展"冬季攻势"。正当决死队执行任务之时，阎锡山却令其在晋西的 6 个军，向驻晋西南地区的决死队第二纵队和八路军第一一五师晋西独立支队发动进攻。与此同时，在晋东南，阎锡山所属孙楚部联合蒋介石嫡系部队，向决死队第一、第三纵队及附近的八路军进攻，先后捣毁沁水、阳城、晋城、高平、长治、陵川、壶关等 7 个县的抗日民主政府和抗日群众团体，屠杀共产党员和群众 500 余人，抓捕 1000 余人。在晋西北，阎锡山又令赵承绶部进攻决死队第四纵队，并组织第四纵队内部的反动军官搞叛乱。八路军总司令部所在地的太行山地区，是国民党顽固派制造反共军事摩擦的另一个重点地区。1939 年 12 月初，国民党军第九十七军朱怀冰部进入冀西，逼近八路军阵地，破坏抗日政权，频繁制造反共军事摩擦。1940 年 1 月，盘踞在冀南的南宫、枣强、巨鹿、广宗、威县、清河地区的国民党第六十九军石友三部 1.7 万余人，在冀南、冀鲁豫地区进攻平汉路附近的八路军。

国民党顽固派在军事上发动反共进攻的同时，在政治思想战线上也开始对共产党发起了攻势。他们网罗了一批反动文人、政客，开动所有宣传机器，大肆贩卖反共理论，鼓吹蒋介石的“一个主义、一个党、一个领袖”的法西斯滥调，叫嚣“共产主义不适合中国国情”“共产党不需要存在”。抗战进入相持阶段后，国民党的反共宣传变本加厉。

号称国民党“理论家”的托派分子叶青公开叫嚣：“国民党是一切党派中的骄子，它以外的党派，根本不能与它讲平等”，不论是今天还是将来，都“没有独立存在的理由”[6]。他在 1939 年 10 月发表的《三民主义与社会主义》一文中，更是主张“三民主义可以满足中国现在和将来的一切要求。它的实现，中国便不需要社会主义了，从而组织一个党来为社会主义而奋斗的事也就不必要了”[7]。与此同时，蒋介石也通过不同方式向全党和全国人民灌输早就被他阉割的三民主义。1939 年 1 月，蒋介石在国民党五届五中全会上做了《唤醒党魂　发扬党德　巩固党基》的报告和《整顿党务之要点》的讲演，要求国民党员坚定对蒋介石之三民主义的信仰，发扬“忠孝仁爱信义和平八德”和“智仁勇三大德”，以此来巩固国民党的基础。1939 年 3 月，国民党在国防最高委员会之下设立了精神总动员会，蒋介石亲自担任会长，并公布了《国民精神总动员纲领》，要求以他所鼓吹的三民主义改造国民精神。5 月，蒋介石发表《三民主义之体系及其实行程序》的演讲，强调要以国民党来“管理一切”，实行“以党治国”“以党建国”，并且鼓吹“我们的希望，是要使抗战胜利之日，即为建国完成之时”[8]。他的这些思想主张，其用意就是企图用他所解释的三民主义来“溶化”共产主义和中国共产党，以此来树立国民党的权威。

2. 具有两面性的民族资产阶级提出走“中间道路”的主张

国民党顽固派的这些破坏抗日团结的行为和言论，引起了广大人民对中国抗战前途和未来的深切忧虑。抗日阵营中代表民族资产阶级和上层小资产阶级利益的中间力量，其中包括中华民族革命同盟、中华民族解放行动委员会（第三党）、全国各界救国联合会、中国国家社会党、中国青年党、中国致公党、中华职业教育社、乡村建设派等党派和团体，由于其自身所表现出的革命性和妥协性的两面性，当受到帝国主义和封建主义的压迫时，能够加入到反帝反封建的斗争中来；同时，当看到工人、农民队伍的壮大而使其利益受到威胁时，又会表现出动摇、妥协，甚至加入到反革命阵线中去。所以，面对国民党的独裁统治及其进行的消极抗日、积极反共活动，中间力量一方面表现出反对国民党的一党专政，支持国共合作并积极参与抗战；另一方面，他们对中国共产党的主张也抱有怀疑，对国民党还存有幻想，期望国民党在坚持抗战的同时推进民主化进程。他们企图在国共之间寻找一条所谓的“中间道路”，以实现代表其自身利益的政治统治。

1938 年 12 月，国家社会党代表张君劢在蒋介石的授意下发表了《致毛泽东先生一封公开信》，狂妄要求“八路军之训练与指挥”应完全交给蒋介石，并且要求“取消特区之制，以增进全国之团结”。在信中，他还写道：“窃以为目前阶段中，先生等既努力于对外民族战争，不如将马克思主义暂搁一边，使国人思想走上彼此是非黑白分明一涂，而不必出以灰色与搪饰之辞。诚能如是，国中各派思想，同以救民族救国家为出发点，而其接近也自易易矣。”[9] 随着国民党蒋介石一党专政面目的逐步暴露，民族资产阶级对其日益不满，各中间党派为争取民主建国，相继提出结束国民党一党专政、实现民主政治的主张。1939 年 9 月召开的第一届国民参政会第四次会议上，中国青年党、中国国家社会党、中华民族解放行动委员会（第三党）联合向大会提出《请结束党治、立施宪政，以安定人心，发扬民主而利抗战案》。会后，各民主党派又通过举行宪政座谈会和成立各界宪政促进会等形式，纷纷发表关于宪政问题的主张和建议，掀起了一场旨在早日实现孙中山所倡导的以宪政为目标的民主宪政运动。这些运动对于揭露国民党蒋介石的独裁统治，维护团结抗战的局面，推进民主建国的进程起到了积极作用。但是，民族资产阶级在抨击国民党一党专政的过程中，所阐述的对理想国家模式的构想，都是以英、美等西方资产阶级国家为蓝本的，其所宣扬的总统制、内阁制、两院制、三权分立，都是西方资产阶级民主的主要内容，幻想抗战胜利后在中国建立一个欧美式的资产阶级共和国。这就把“中国向何处去”这个问题，尖锐地摆在了全国人民面前，要求中国共产党必须对这个问题表明自己的立场并作出系统回答。

3. 中国共产党坚持抗战、团结、进步的方针，不断巩固和扩大抗日民族统一战线

抗日战争进入相持阶段后，面对国民党当局对日本的不断妥协退让，以及积极反共、限共，破坏抗日民族统一战线的一系列恶劣行径，中国共产党从全民族利益出发，提出坚持团结抗战，巩固和扩大抗日民族统一战线的正确方针，对国民党的倒行逆施给予了有力回击。

抗战开始后，随着国共开始第二次合作以及抗日民族统一战线的建立，国民党对中共的政策从以前的以军事镇压为主转变为一面联共、一面溶共限共的政策。此时，在中国共产党内，在对待国共关系的问题上，一种右的错误观点开始滋长发展。在党内，有些同志只看到国共两党一致的地方，而看不到两党在“全面抗战”与“片面抗战”等根本问题上带有原则性的分歧。在统一战线中，一味地迁就国民党，对于国民党反共限共的破坏活动不敢坚决斗争。在军队中，甚至还出现了不愿严格接受共产党的领导，以国民党委任为荣耀的新军阀主义倾向。1937 年 11 月底，中国共产党驻共产国际代表、共产国际执委、主席团委员和候补书记王明被派回国。其时正是国共两党合作抗战的初期。王明到达延安后，积极推行共产国际所认为的应遵循“一切服从统一战线”“一切经过统一战线”的原则。他抹杀国共两党抗战路线的原则分歧，主张国民党是抗战的领导者，幻想依靠国民党军队取得抗战的速胜。他强调：“今天的中心问题是一切为了抗日，一切经过抗日民族统一战线，一切服从抗日。现在我们要用这样的原则去组织群众。”“我们要拥护统一指挥。八路军也要统一受蒋指挥。我们不怕统一纪律、统一作战计划、统一经济，不过注意不要受到无谓的牺牲。红军的改编不仅名义改变，而且内容也改变了。”“要使人家一到特区，便感觉特区是中华民国的组成部分。”[10] 此后，王明多次以“钦差大臣”的身份，鼓吹他的错误主张。由于王明一直表示他所传达的是共产国际的指示，使党内很多人一时不能明辨是非，党内的右倾思想进一步滋长，导致在一个时期内出现了严重的投降主义倾向。

面对复杂的国际国内形势，如何正确处理抗日统一战线中的统一和独立、团结和斗争的关系，是中国共产党所必须要解决的关系到抗战成败的关键问题。经历了第一次大革命和土地革命的风雨洗礼，中国共产党已经成为一个政治上日臻成熟的政党。中国共产党吸取了在这一问题上曾出现过的沉痛教训，在对抗日民族统一战线问题的认识上不断走向成熟。对于王明的右倾投降主义错误，中共中央进行了坚决抵制和斗争。为了总结抗战以来的经验教训，统一全党的认识并确定新阶段党的基本方针任务，1938 年 9 月 29 日至 11 月 6 日，中国共产党在延安召开扩大的第六届中央委员会第六次会议。在会上，毛泽东专门就统一战线问题作了系统阐述。他指明了在抗战新阶段巩固和扩大抗日民族统一战线的极端重要性，指出：“长期的战争必须有长期的统一战线才能支持，战争的长期性与统一战线的长期性，是不能分离的。”[11] 他强调：“克服困难战胜敌人的中心任务，是团结全民族，巩固扩大统一战线，发动全民族各个阶层中的一切生动力量，这是唯一无二的方针。”[12] 同时，毛泽东还重点阐述了统一战线中独立自主的原则，反对党内在统一战线问题上的关门主义和投降主义的偏向。他指出，“必须保持加入统一战线中的任何党派在思想上、政治上与组织上的独立性”，“否认独立性，只谈统一性，这是背弃民权主义的思想”[13]。他在六届六中全会所作的结论中，进一步指出：“为了长期合作，统一战线中的各党派实行互助互让是必需的，但应该是积极的，不是消极的。”[14]“用长期合作支持长期战争，就是说使阶级斗争服从于今天抗日的民族斗争，这是统一战线的根本原则。在此原则下，保存党派和阶级的独立性，保存统一战线中的独立自主；不是因合作和统一而牺牲党派和阶级的必要权利，而是相反，坚持党派和阶级的一定限度的权利；这才有利于合作，也才有所谓合作。”[15] 同时，他还着重批判了“一切经过统一战线”的右倾错误观点，指出：“中国的情形是国民党剥夺各党派的平等权利，企图指挥各党听它一党的命令。我们提这个口号，如果是要求国民党‘一切’都要‘经过’我们同意，是做不到的，滑稽的。如果想把我们所要做的‘一切’均事先取得国民党同意，那末，它不同意怎么办？国民党的方针是限制我们发展，我们提出这个口号，只是自己把自己的手脚束缚起来，是完全不应该的。”“我们的方针是统一战线中的独立自主，既统一，又独立。”[16] 党的六届六中全会基本上纠正了王明的右倾投降主义错误，进一步统一了全党的思想和认识，为全党和全国人民在相持阶段中克服困难、坚持抗战作了部署。

抗战进入到 1939 年后，国民党妥协动摇和反共倾向日益加强。面对复杂的抗战形势，中国共产党指出，由于中日民族矛盾仍然是社会的主要矛盾，所以统一战线中团结抗战和分裂投降两种可能性同时并存。党的任务是要清醒地认识到时局的严重性，随时应付可能发生的突然事变；同时要竭尽一切可能，动员广大群众克服投降、分裂、倒退的危险，努力维护团结抗战的局面，争取时局的好转。1939 年 6 月，中共中央发出《关于反对投降危险的指示》，向全党指出："目前最大的危险就是国民党投降的可能"，"国民党的反共运动就是准备投降的一个组成部分"。"因此党应当用全力来进行反对投降分子反共分子的斗争"，"给一切投降阴谋和叛变行为以适时的坚决的反抗"。同时，还向全党进一步强调了"统一战线无论如何是须要巩固和扩大的"，"党的基本任务仍然是巩固国共合作，继续抗日"[17]。为此目的，党应当动员一切抗日力量，向他们说明投降是主要危险，孤立投降分子和反共分子，动员群众并巩固国共合作。6 月 30 日，毛泽东在《反对投降活动》一文中，严正宣称共产党"是始终站在主战派方面的，我们坚决地反对那些主和派"，并"愿意和全国一切爱国党派、爱国同胞一道，巩固团结，巩固抗日民族统一战线，巩固国共合作，实行三民主义，抗战到底"，呼吁"全国人民团结起来，坚持抗战和团结，把投降阴谋和分裂阴谋镇压下去"。[18] 1939 年 7 月 7 日，中共中央发表了《为抗战两周年纪念对时局宣言》，旗帜鲜明地提出了"坚持抗战到底——反对中途妥协！巩固国内团结——反对内部分裂！力求全国进步——反对向后倒退！"三大政治口号。[19] 这三大口号的提出，对动员全国人民克服国民党的投降反共危险，分清是非，争取时局好转产生了重大影响。9 月 16 日，毛泽东在同国民党中央社、扫荡报、新民报三位记者谈话中表示："大敌当前，国共两党又都有了过去的经验，大家一定要长期合作，一定要避免分裂。但是要给长期合作找到政治保证，分裂的可能性才能彻底避免，这就是坚持抗战到底和实行民主政治。"[20] 他还重申了共产党在《七七宣言》中提出的三大政治口号，强调唯有如此才能避免亡国。

在军事上，在抗战进入相持阶段后，日本侵略军将其主力用于进攻中共领导的敌后抗日力量的情况下，中国共产党肩负起了抵抗日军的主要责任。从1938年冬到1940年的两年多时间里，中国共产党领导的敌后游击战争不仅牵制了大量日军的侵袭，有力地配合了正面战场的作战，而且积小胜为大胜，逐步消灭日军的有生力量，使中共领导的人民力量在战斗中不断成长壮大起来。中共领导的抗日根据地成为全国抗战的重心。面对国民党顽固派发动的反共军事进攻，中国共产党从抗战大局出发，一方面坚持斗争，给予还击；另一方面又采取各种措施维护抗日民族统一战线，防止破裂。对于国民党的反共军事摩擦，毛泽东指出："如果欺人太甚，如果实行压迫，那末，共产党就必须用严正的态度对待之。这态度就是：人不犯我，我不犯人；人若犯我，我必犯人。但我们是站在严格的自卫立场上的，任何共产党员不许超过自卫原则。"[21] 面对国民党顽固派军队的进攻，八路军总司令朱德、副总司令彭德怀致电蒋介石，要求制止反共摩擦，坚持团结，坚持进步，坚持抗战建国的既定方针。同时，对于国民党的军事进攻，八路军采取了严正的自卫立场，进行了坚决的反摩擦斗争。面对国民党顽固派对陕甘宁边区的进攻，中国共产党在派谢觉哉为代表同国民党当局谈判未果的情况下，进行了自卫还击，坚决打退了来犯的国民党军队，恢复了陇东大部地区，一举解放了绥德、米脂、佳县、吴堡、清涧五县，把陕甘宁边区和晋西北抗日根据地连成一片。在山西，决死队第二纵队和八路军晋西独立支队对阎锡山部进行反击后，胜利转移至晋西北和太岳地区，与八路军会合。在晋东南，八路军重创来犯的阎锡山部一个师、两个旅。在太行山地区，为维护团结抗日大局，彭德怀副总司令、刘伯承师长先后到冀西同国民党冀察战区总司令鹿钟麟和朱怀冰等人谈判，申明共产党和八路军的严正立场，劝告他们立即停止反共摩擦，一致对敌。但国民党顽固派仍然置若罔闻、一意孤行。对此，八路军给予了坚决回击，打退了顽军向抗日根据地的进攻。

在思想战线上，面对国民党顽固派阉割三民主义的革命精神，用三民主义反对马列主义和共产主义，以实现其“国内现存一切党派都必然消融于三民主义之下”，以此取消共产党存在的企图，中国共产党进一步阐明了自己关于三民主义、共产主义和中国革命的基本观点，捍卫了马克思主义和三民主义，澄清了思想认识上的混乱。中国共产党于 1939 年 4 月在《为开展国民精神总动员运动告全党同志书》中，第一次提出了真假三民主义的问题，强调共产党员必须广泛地动员全国同胞，揭穿假三民主义，“为具体实施民族独立、民权自由、民生幸福的真三民主义而斗争”。6 月，毛泽东在《反投降提纲》中又把三民主义分为假三民主义、半真半假的三民主义和真三民主义三种。指出：真三民主义“是统一战线的政治基础，是抗日过程中能够适用的原则、方针。我们要用真三民主义反对假三民主义，争取中间性的三民主义，这是在几种三民主义存在的情况下应争取的政策”[22]。对于国民党写文章的人发表的“许多不但反对共产主义而且也是反对真三民主义的所谓‘分歧错离的思想’，亦即假三民主义或中间三民主义的思想，应该加以严正的批驳”[23]。此后到 1939 年年底，中国共产党围绕真假三民主义的问题发表多篇文章，对国民党顽固派的反共理论进行了有力批驳。张闻天在《拥护真三民主义 反对假三民主义》一文中，指出，真三民主义“是半殖民地半封建的中国，经过反帝反封建的统一战线政策（孙中山先生当时具体规定为联俄、联共、唤起农工的三大政策）以争取民族独立、民权自由、民生幸福的民主共和国的胜利的政治纲领”。强调“共产党人历来就反对一切断章取义肢解与曲解三民主义的企图与办法，而主张把握孙中山先生三民主义的基本的革命精神，基本的革命主张与方法，在革命现阶段的不同历史时期内把它发扬光大起来”[24]。他认为真正地拥护三民主义，“必须首先严格地分别清楚真假三民主义；必须纠正把三民主义修正为不彻底的一民主义及曲解它为‘反共防共’的思想武器的错误办法；必须在实际行动上实行三民主义的具体的革命政治纲领；必须实行和坚持孙中山先生联俄、联共、扶助农工三大政策”[25]。王稼祥在《关于三民主义与共产主义》一文中，专就三民主义的三个方面论述了两个主义的异同，并进一步强调“三民主义当作纲领与马列主义在民族民主革命中的纲领（共产党的最低限度纲领）在其主要的基本的口号与要求上没有冲突，而是一般的一致”，正因为如此，中国的马列主义者才认为，“三民主义是民族统一战线中的共同纲领，和国共合作的政治基础”，“所以号召全中国人民为实现三民主义共和国而奋斗”[26]。此外，艾思奇的《关于三民主义的认识》、吴黎平的《叶青的假三民主义就是取消主义》、陈伯达的《论共产主义者对三民主义关系的几个问题》等文章，也分别从不同角度对三民主义进行了阐述，驳斥了国民党对三民主义的肢解和歪曲。中国共产党对三民主义的阐释，不仅正确阐发了对三民主义的科学认识，澄清了认识中的误区，同时进一步阐明了关于中国革命的基本观点，在思想上起到了极大的精神动员作用，同时也推动了新民主主义革命理论体系的建立。

面对复杂的民族矛盾和阶级矛盾，为击退国民党顽固派在思想政治上的攻势，粉碎中间力量建立欧美式资产阶级共和国的幻想，澄清共产党内存在的各种模糊认识和错误倾向，为了回应“中国向何处去”的前途道路问题，以毛泽东为代表的中国共产党人把马克思主义普遍原理与中国革命具体实际相结合，对中国的前途和革命道路问题作了系统地回答，明确阐述了共产党的主张。毛泽东先后发表《〈共产党人〉发刊词》、《中国革命和中国共产党》和《新民主主义论》等一系列文章，正是在这样的历史背景下，新民主主义这个全新的理论得以系统地提出来。

二 | 成书及出版情况

在中国革命经历了北伐战争的胜利和大革命的失败，也经历了土地革命战争的胜利和第五次反“围剿”战争的失败之后，到抗日战争时期，中国共产党对中国国情和中国革命的发展规律有了更加深刻的认识和把握。正如毛泽东所指出的：“在民主革命时期，经过胜利、失败，再胜利、再失败，两次比较，我们才认识了中国这个客观世界。”[27] 正是在对革命实践经验和教训科学总结的基础上，才有了新民主主义理论的产生，而在以前是不可能的，“因为没有经过大风大浪，没有两次胜利和两次失败的比较，还没有充分的经验，还不能充分认识中国革命的规律”[28]。

有了主客观条件的发展成熟，毛泽东经过长时间酝酿，并征求了一些同志的意见，在反复修改之后，正式写成了《新民主主义论》这篇具有很强科学性与指导性的理论文章。他后来在回忆《新民主主义论》的写作时，曾说道：“《新民主主义论》初稿写到一半时，中国近百年历史前八十年是一阶段、后二十年是一阶段的看法，才逐渐明确起来，因此重新写起，经过反复修改才定了稿。”[29]

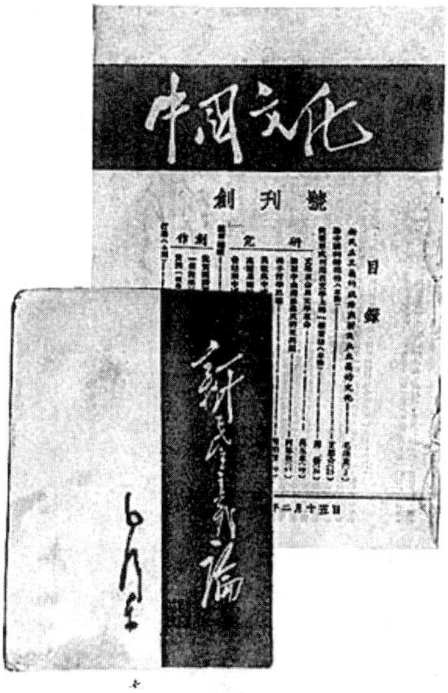

《新民主主义论》最先发表在 1940 年 2 月 15 日延安出版的《中国文化》杂志创刊号上，原名为《新民主主义的政治与新民主主义的文化》。左下角是最早在延安出版的《新民主主义论》

《新民主主义论》是毛泽东 1940 年 1 月 9 日在陕甘宁边区文化协会第一次代表大会上的讲演，

原题为《新民主主义的政治与新民主主义的文化》。“这个长篇的演讲，从下午一直讲到晚上点起煤气灯的时分。”“拥挤在会场里的五六百听众，被他的精辟论述和生动话语所鼓舞、所吸引，聚精会神，屏息静听，情绪热烈，不时响起一阵阵的掌声。”[30] 一个月后，1940 年 2 月 15 日，由延安出版的《中国文化》创刊号上以《新民主主义的政治与新民主主义的文化》为题，首次公开发表了这篇文章。同年 2 月 20 日，在延安出版的《解放》周刊第九十八、九十九期合刊上登载这篇文章时，将题目改为《新民主主义论》，并对文中各部分加写了小标题。

在《解放》杂志登载《新民主主义论》之后不久，解放社于 1940 年 3 月之后又相继多次出版了《新民主主义论》单行本。同时，此后相继编辑出版的各类毛泽东选集中都将其收入其中。1941 年 5 月，由晋察冀日报社编印的《民族民主革命与统一战线》收录该文。1943 年 10 月，由中共中央晋绥分局出版的《毛主席三大名著》中将其列为其中之一。1944 年 7 月，由晋察冀日报社出版的《毛泽东选集》第一卷开篇即为《新民主主义论》。1946 年 4 月，收入大连书店出版的《毛泽东选集》第一卷。1947 年 3 月，中共晋察冀中央局出版的增订版《毛泽东选集》也将其收入其中。1948 年，分别收入由哈尔滨东北书店出版的六卷本《毛泽东选集》第二卷和由晋冀鲁豫中央局出版的只在党内发行的《毛泽东选集》下册。此外，1946 年至 1949 年，由香港民主出版社以单行

1945 年 9 月新华书店晋察冀分店印行的《新民主主义论》

本形式分册陆续出版的《毛泽东选集》也将《新民主主义论》列为其中一册出版。由于香港特殊的环境和条件，此套《毛泽东选集》发行遍布海内外，广泛宣传了毛泽东思想。此外，由于处于战争年代，《新民主主义论》还多次以伪装本的形式销往敌占区，其中《大乘起信论》《文史通义》都曾做过其伪装的封面。这种特殊的版本，使得毛泽东思想在国民党统治区得以传播，对于迷惑敌人，巧妙宣传中国共产党的主张和毛泽东思想，起到了特殊的意义。

1949 年 5 月新华书店再版《新民主主义论》

新中国成立后，中共中央决定重新编辑出版毛泽东著作。1952 年 4 月，由毛泽东亲自主持编辑审定的《毛泽东选集》第二卷出版，其中收录了《新民主主义论》一文。作者在审定过程中，对其中的一些文字作了修改，并新增加了许多注释。此后，也还出版过此篇文章的单行本。1964 年 6 月，为了适应不同人群的需要，由人民出版社出版的为了“适应一般干部学习毛泽东著作的需要”的《毛泽东著作选读（甲种本）》和由中国青年出版社出版的为了“适应工农青年学习毛泽东著作的需要”的《毛泽东著作选读（乙种本）》也收录了该篇文章。1986 年 8 月，收入由中共中央文献编辑委员会编辑、人民出版社出版的《毛泽东著作选读》上册。1991 年 7 月，新修订的《毛泽东选集》一至四卷正式出版发行，其中《新民主主义论》收录在第二卷中。

【本章注释】

[1] 日本外务省：《日本外交年表竝主要文书》下册，《文书》，东京原书房 1978 年版，第 401 页。

[2]《朱德选集》，人民出版社 1983 年版，第 139 页。

[3] 日本外务省：《日本外交年表竝主要文书》下册，《文书》，东京原书房 1978 年版，第 407 页。

[4] 刘健清、王家典、徐梁伯：《中国国民党史》，江苏古籍出版社 1992 年版，第 487 页。

[5] 刘健清、王家典、徐梁伯：《中国国民党史》，江苏古籍出版社 1992 年版，第 488 页。

[6] 叶青：《关于政治党派》，载《扫荡报》1938 年 1 月 22 日。

[7] 金冲及：《毛泽东传（1893—1949）》，中央文献出版社 2004 年版，第 576 页。

[8] 姜义华：《中国现代思想史资料简编》第 4 卷，浙江人民出版社 1983 年版，第 341 页。

[9] 姜义华：《中国现代思想史资料简编》第 4 卷，浙江人民出版社 1983 年版，第 144 页。

[10] 金冲及：《毛泽东传（1893—1949）》，中央文献出版社 2004 年版，第 523 页。

[11]《中共中央文件选集》第 11 册，中共中央党校出版社 1991 年版，第 595 页。

[12]《中共中央文件选集》第 11 册，中共中央党校出版社 1991 年版，第 644 页。

[13]《中共中央文件选集》第 11 册，中共中央党校出版社 1991 年版，第 646 页。

[14]《毛泽东选集》第 2 卷，人民出版社 1991 年版，第 537 页。

[15]《毛泽东选集》第 2 卷，人民出版社 1991 年版，第 538 页—第 539 页。

[16]《毛泽东选集》第 2 卷，人民出版社 1991 年版，第 539 页—第

540 页。

[17]《中共中央文件选集》第 12 册，中共中央党校出版社 1991 年版，第 80 页—第 81 页。

[18]《毛泽东选集》第 2 卷，人民出版社 1991 年版，第 571 页、第 573 页。

[19]《中共中央文件选集》第 12 册，中共中央党校出版社 1991 年版，第 143 页。

[20]《毛泽东选集》第 2 卷，人民出版社 1991 年版，第 591 页。

[21]《毛泽东选集》第 2 卷，人民出版社 1991 年版，第 590 页。

[22]《中共中央文件选集》第 12 册，中共中央党校出版社 1991 年版，第 112 页。

[23]《中共中央文件选集》第 12 册，中共中央党校出版社 1991 年版，第 113 页。

[24] 姜义华：《中国现代思想史资料简编》第 4 卷，浙江人民出版社 1983 年版，第 191 页—第 193 页。

[25] 姜义华：《中国现代思想史资料简编》第 4 卷，浙江人民出版社 1983 年版，第 197 页—第 198 页。

[26] 姜义华：《中国现代思想史资料简编》第 4 卷，浙江人民出版社 1983 年版，第 201 页—第 202 页。

[27]《毛泽东文集》第 8 卷，人民出版社 1999 年版，第 299 页。

[28]《毛泽东文集》第 8 卷，人民出版社 1999 年版，第 299 页。

[29]《毛泽东文集》第 7 卷，人民出版社 1999 年版，第 15 页。

[30] 温济泽：《听毛泽东讲新民主主义论》，载《征鸿片羽集》，当代中国出版社 1995 年版，第 473 页。

第二章

《新民主主义论》系统阐明了关于中国革命的一系列重要理论问题

一 科学指明了中国的社会性质和中国革命的历史特点

（一）中国的社会性质

“认清中国社会的性质，就是说，认清中国的国情，乃是认清一切革命问题的基本的根据。”[1] 毛泽东在《新民主主义论》中，运用历史唯物主义的基本观点，科学分析了中国的社会性质即中国的基本国情。他指出：“自周秦以来，中国是一个封建社会”，封建的经济、政治、文化一直占据统治地位。“自外国资本主义侵略中国，中国社会又逐渐地生长了资本主义因素以来，中国已逐渐地变成了一个殖民地、半殖民地、半封建的社会。现在的中国，在日本占领区，是殖民地社会；在国民党统治区，基本上也还是一个半殖民地社会；而不论在日本占领区和国民党统治区，都是封建半封建制度占优势的社会。这就是现时中国社会的性质，这就是现时中国的国情。”此时的中国社会，占据统治地位的是殖民地、半殖民地、半封建的经济、政治和文化。对于这个殖民地、半殖民地、半封建社会的特点，毛泽东在《中国革命和中国共产党》一文中曾系统指出，在这个社会里，虽然封建时代的自给自足的自然

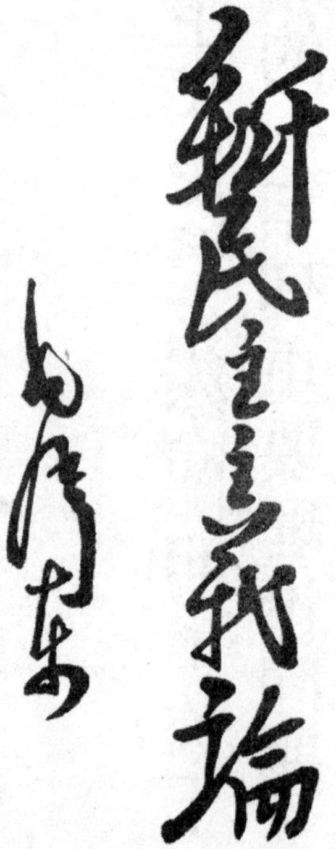

毛泽东手迹

经济基础是被破坏了，但是封建剥削制度的根基——地主阶级对农民的剥削，不但依旧保持着，而且同买办资本和高利贷资本的剥削结合在一起，在中国社会的经济生活中，占据着显然的优势；民族资本主义有了某些发展，并在中国政治的、文化的生活中起了颇大的作用，但它没有成为中国社会经济的主要形式，它的力量很软弱，它的大部分是对于外国帝国主义和国内封建主义都有或多或少的联系的；皇帝和贵族的专制政权是被推翻了，代之而起的先是地主阶级的军阀官僚的统治，接着是地主阶级和大资产阶级联盟的专政，在沦陷区则是日本帝国主义及其傀儡的统治；帝国主义不但操纵了中国的财政和经济命脉，并且操纵了中国的政治和军事的力量，在沦陷区则一切被日本帝国主义所独占；由于中国是在许多帝国主义国家的统治或半统治之下，由于中国实际上处于长期的不统一状态，又由于中国的土地广大，中国的经济、政治、文化的发展，表现出极端的不平衡；由于帝国主义和封建主义的双重压迫，特别是由于帝国主义的大举进攻，中国的广大人民，尤其是农民，日益贫困化以致大批地破产，他们过着饥寒交迫和毫无政治权利的生活。造成上述局面的，正是外国帝国主义和国内封建主义相结合的结果。因此，“帝国主义和中华民族的矛盾，封建主义和人民大众的矛盾，这些就是近代中国社会的主要矛盾”。“而帝国主义和中华民族的矛盾，乃是各种矛盾中的最主要的矛盾。这些矛盾的斗争及其尖锐化，就不能不造成日益发展的革命运动。”[2] 正是有了对中国社会性质和特殊国情的准确把握，才为正确认识和解决中国的革命问题提供了基本的依据。

（二）中国革命的历史特点

在科学分析了中国社会性质的基础上，毛泽东从中国革命所处的历史时代出发，阐述了中国革命的历史特点。

1. 中国革命是世界革命的一部分

毛泽东在文中科学分析了世界革命的新特点，明确区分了世界历史的时代，划分了两种世界革命。他指出："有两种世界革命，第一种是属于资产阶级和资本主义范畴的世界革命。这种世界革命的时期早已过去了，还在一九一四年第一次帝国主义世界大战爆发之时，尤其是在一九一七年俄国十月革命之时，就告终结了。从此以后，开始了第二种世界革命，即无产阶级的社会主义的世界革命。"之所以把第一次帝国主义世界大战和俄国十月革命作为划分两种世界革命的时间标志，毛泽东指出，随着俄国十月革命的胜利和第一个社会主义国家的建立，世界资本主义战线已在地球的一角崩溃，而在其他的角上日益充分显露出腐朽性，更加依赖殖民地半殖民地才能过活。在这种时代，社会主义国家愿意扶助一切殖民地半殖民地为争取民族解放而斗争，同时各资本主义国家的无产阶级也积极赞助殖民地半殖民的解放运动。因此，"在这种时代，任何殖民地半殖民地国家，如果发生了反对帝国主义，即反对国际资产阶级、反对国际资本主义的革命，它就不再是属于旧的世界资产阶级民主主义革命的范畴，而属于新的范畴了；它就不再是旧的资产阶级和资本主义的世界革命的一部分，而是新的世界革命的一部分，即无产阶级社会主义世界革命的一部分了。这种革命的殖民地半殖民地，已经不能当作世界资本主义反革命战线的同盟军，而改变为世界社会主义革命战线的同盟军了"。

根据这种观点，毛泽东在划分了两种世界革命的基础上，对中国资产阶级民主主义革命也给予了科学区分。他指出，自从 1914 年第一次帝国主义世界大战爆发和 1917 年俄国十月革命胜利以来，中国的资产阶级革命也发生了变化。"在这以前，中国资产阶级民主主义革命，是属于旧的世界资产阶级民主主义革命的范畴之内的，是属于旧的世界资产阶级民主主义革命的一部分；在这以后，中国资产阶级民主主义革命，却改变为属于新的资产阶级民主主义革命的范畴，而在革命的阵线上说来，则属于世界无产阶级社会主义革命的一部分了。”因为这种革命，已经不是旧的、被资产阶级领导的、以建立资本主义的社会和资产阶级专政的国际为目的的革命，而是新的、被无产阶级领导的、以建立新民主主义的社会和各个革命阶级联合专政的国家为目的的革命，是为社会主义的发展扫清道路的革命。所以，这种革命必然为帝国主义所反对，而为社会主义国家和国际无产阶级所援助。因此，这种革命就不能不成为无产阶级社会主义世界革命的一部分。

“中国革命是世界革命的一部分”这一命题，早在 1924 年至 1927 年第一次大革命时期，中国共产党人就已经提出来了，但是由于当时这一理论的意义还没有得到发挥，人们对这一命题的认识还处于一个比较模糊的状态。在《新民主主义论》中，毛泽东对此进行了比较详细的阐述。他指出这一正确命题是根据列宁、斯大林的理论提出的。在帝国主义第一次世界大战期间，列宁在《民族自决权讨论的总结》中曾经指出，民族问题中关于民族自决权的基本点，已不再是一般民主运动的一部分，它已经变成一般无产阶级的、社会主义革命的一个构成部分了。斯大林在 1918 年为十月革命一周年所写的《十月革命与民族问题》一文中，在谈到十月革命的世界意义时指出：“十月革命的伟大的世界意义主要在于：（1）它扩大了民族问题的范围，使民族问题从欧洲反对民族压迫的局部问题变为各被压迫民族、各殖民地和半殖民地从帝国主义下解放出来的总问题；（2）它给这一解放开辟了广泛的可能性和现实的道路，这就大大促进了西方和东方的被压迫民族的解放事业，把他们汇集到胜利的反帝国主义斗争的巨流中去；（3）它从而在社会主义的西方和被奴役的东方之间架起了一座桥梁，建成了一条从西方无产者经过俄国革命到东方被压迫民族的新的反对世界帝国主义的革命战线。”[3] 正是在继承了列宁、斯大林这种理论的基础上，毛泽东划分了两种世界革命，并进一步指出，“中国革命是世界革命的一部分”这一命题中的“世界革命”已经不是旧的世界革命，旧的资产阶级世界革命早已完结了；这种世界革命，是新的世界革命，是社会主义的世界革命。而命题中的“一部分”，也已经不是旧的资产阶级革命的一部分，而是新的社会主义革命的一部分。因为在新的世界革命中，“以资本主义国家的无产阶级为主力军，以殖民地半殖民地的被压迫民族为同盟军。不管被压迫民族中间参加革命的阶级、党派或个人，是何种的阶级、党派或个人，又不管他们意识着这一点与否，他们主观上了解了这一点与否，只要他们反对帝国主义，他们的革命，就成了无产阶级社会主义世界革命的一部分，他们就成了无产阶级社会主义世界革命的同盟军。”对此，毛泽东说道：“这是一个绝大的变化，这是自有世界历史和中国历史以来无可比拟的大变化。”

2. 中国革命的历史进程必须分两步走

毛泽东运用马克思列宁主义关于殖民地半殖民地革命的学说，在分析了中国的社会性质和世界革命的特点的基础上，科学指明了中国革命的历史特点是分为民主主义和社会主义两个步骤，而其第一步现在已不是一般的民主主义，而是中国式的、特殊的、新式的民主主义，是新民主主义。他明确指出：“中国革命的历史进程，必须分为两步，其第一步是民主主义的革命，其第二步是社会主义的革命，这是性质不同的两个革命过程。而所谓民主主义，现在已不是旧范畴的民主主义，已不是旧民主主义，而是新范畴的民主主义，而是新民主主义。”因此，革命任务的第一步是改变殖民地、半殖民地、半封建的社会形态，使之变成一个独立的民主主义的社会。第二步，是革命向前发展，建立一个社会主义的社会。中国现时的革命，是在走第一步。他认为，从 1840 年鸦片战争爆发，中国社会开始由封建社会逐步沦为半殖民地半封建社会以来，中间经过太平天国运动、中法战争、中日战争、戊戌变法、辛亥革命、五四运动、北伐战争、土地革命战争，直到今天的抗日战争，从某一方面来说，都是在实行这一步，其目的都是为反对帝国主义和封建势力，为建立一个独立的民主主义社会而斗争。其中辛亥革命，在比较完整的意义上开始了这个革命。但是，这个革命还没有完成，还要继续为之努力。而 1914 年第一次帝国主义世界大战爆发和 1917 年俄国十月革命的胜利，改变了世界历史方向，中国的民主主义革命已经不再属于旧范畴的民主主义革命，而是中国式的、新式的民主主义革命。这个革命的第一步、第一阶段，绝不是也不能建立中国资产阶级专政的资本主义社会，而是要建立以中国无产阶级为首领的中国各个革命阶级联合专政的新民主主义的社会，然后再使之发展到第二阶段，以建立中国社会主义的社会。在《新民主主义论》中，他告诫人们："在中国从事革命的一切党派，一切人们，谁不懂得这个历史特点，谁就不能指导这个革命和进行这个革命到胜利，谁就会被人民抛弃，变为向隅而泣的可怜虫。"

二 具体阐明了中国新民主主义革命的一系列理论问题

在对中国国情和中国革命历史特点深刻分析的基础上，毛泽东对中国革命的一系列具体问题进行了精辟阐述。

（一）新民主主义革命的对象和任务

分清敌友，这是革命的首要问题。中国革命的主要对象或敌人，"不是别的，就是帝国主义和封建主义，就是帝国主义国家的资产阶级和本国的地主阶级。因为，在现阶段的中国社会中，压迫和阻止中国社会向前发展的主要的东西，不是别的，正是它们二者。二者互相勾结以压迫中国人民，而以帝国主义的民族压迫为最大的压迫，因而帝国主义是中国人民的第一个和最凶恶的敌人”[4]。

对于中国革命对象的认识，在中国共产党成立以前，一直缺乏明确的认识。从 1840 年鸦片战争以来，中国人民为反对帝国主义列强和本国封建势力，进行了长期的斗争，但是对于革命对象始终没有一个明确的认识，也没有提出明确的革命目标。发生于 19 世纪中叶的太平天国运动，虽然提出反对清朝封建统治和民族压迫的革命任务，但是在实践中，无法摆脱封建主义的束缚和影响，继续沿袭封建专制的统治模式；义和团运动虽然明确提出反对帝国主义，但是却打着“扶清灭洋”的口号，说明他们既没有认清外国侵略者的实质，也没有认清本国封建统治同外国侵略者之间相互勾结的本质；以孙中山为首的资产阶级革命团体同盟会所领导的辛亥革命，推翻了满清王朝的专制统治，成立了中华民国。但是由于资产阶级革命派的软弱性，在其提出的三民主义革命纲领中，没有明确的反对帝国主义的内容，对帝国主义还存有幻想。辛亥革命后的 10 多年里，国民党只以维护临时约法为口号，既无明确的反对帝国主义的立场，又联合地方军阀反对北洋军阀。这些革命相继遭到失败，其中的一个重要原因就是革命的领导者没有能够对革命对象有一个明确科学的认识。中国共产党成立后，对于革命的对象问题逐渐有了明确的认识。在中国共产党第一次代表大会上，由于当时中国的共产主义者对于中国的国情和革命的特殊性还没有一个深刻的认识，又由于受到俄国十月革命的影响，所以把资产阶级列为革命对象，认为革命的任务是“以无产阶级革命军队推翻资产阶级”，“采用无产阶级专政，以达到阶级斗争的目的——消灭阶级”。他们对于反对帝国主义、封建势力以及资产阶级之间的关系，还没有一个比较清楚的认识。对于反帝反封建的民主革命与消灭资本主义的社会主义革命还不能区别开来，这也是受当时的主客观条件的局限所造成的。到了

1922 年党的“二大”，明确提出了反帝反封建的民主革命纲领，对于中国民主革命对象问题至此有了比较清楚的认识和把握，为中国革命指明了方向。

在《新民主主义论》一文中，毛泽东进一步强调了中国人民的死敌是帝国主义和封建势力，而在今天尤其是日本帝国主义。帝国主义和封建主义之所以成为中国革命的主要对象，完全是由近代中国的社会性质和主要矛盾所决定的。首先，帝国主义是中国革命的首要对象。帝国主义侵入中国的目的，绝不是要把封建的中国变成资本主义的中国，而是要把中国变成它们的半殖民地和殖民地。帝国主义列强为了这个目的，采取军事的、政治的、经济的和文化的种种压迫手段，使中国一步一步地沦为了半殖民地和殖民地。在军事和政治上，帝国主义列强向中国发动多次侵略战争，侵占了中国的大片领土；通过签订不平等条约，取得了在中国驻扎海军和陆军的权利，取得了领事裁判权，中国被划分为几个帝国主义国家的势力范围；帝国主义列强与中国的封建地主阶级勾结在一起，使之成为它们统治中国的支柱。在经济上，帝国主义列强强迫中国签订不平等条约，控制了中国一切重要的通商口岸，控制了中国的海关、对外贸易和交通事业；同时，它们将大量商品倾销到中国，把中国变成它们的工业品市场，同时又使中国的农业生产服从于

谢缵泰所绘的《时局图》

帝国主义的需要；帝国主义列强还通过经营许多轻工业和重工业的企业，通过垄断中国的金融和财政，对中国的民族工业进行直接的经济压迫，直接地阻碍了中国生产力的发展；帝国主义列强还编织了一个买办的和商业高利贷的剥削网，以便利其剥削广大的农民和其他人民大众。在文化上，帝国主义列强为配合其政治经济上的侵略，还积极推行它们的文化侵略政策。它们采取传教、办医院、办学校、办报纸和吸引留学生等各种方式实施其文化侵略政策，目的就在于造就服从其政治、经济、文化等统治下的知识分子，愚弄广大的中国人民。由此可见，帝国主义的侵略是造成中国政治、经济、文化落后的首要因素，是造成近代中国一切灾祸的总根源。推翻帝国主义的压迫是中国走向独立和富强的首要前提。其次，封建主义也是新民主主义革命的主要对象。在近代中国社会里，封建地主阶级是帝国主义列强统治中国的支柱，它们代表了最落后最反动的生产关系。毛泽东在《湖南农民运动考察报告》中曾经指出："宗法封建性的土豪劣绅，不法地主阶级，是几千年专制政治的基础，帝国主义、军阀、贪官污吏的墙脚。打翻这个封建势力，乃是国民革命的真正目标。"[5] 自中国进入封建社会以来的几千年时间里，地主阶级凭借其统治阶级的地位，对广大农民进行了残酷的经济剥削和政治压迫，农民没有任何政治权利，生活极端穷苦和落后，这也是中国封建社会几千年来在经济和社会生活上停滞不前的基本原因。自从鸦片战争后中国沦为半殖民地半封建社会以来，

毛泽东在武昌都府堤的旧居，他在这里写下《湖南农民运动考察报告》

帝国主义控制了中国的经济命脉，在政治上、经济上占据了统治地位。封建地主阶级为继续维护其反动统治，阻碍新兴资本主义的发展，同时也由于帝国主义列强控制中国的需要，封建地主阶级与帝国主义勾结起来，完全沦为帝国主义的附庸，对广大人民进行残酷的压榨和剥削，为帝国主义统治服务，成为帝国主义在华统治和中国反动政权的主要支柱。正如毛泽东所指出的："地主阶级是帝国主义统治中国的主要的社会基础，是用封建制度剥削和压迫农民的阶级，是在政治上、经济上、文化上阻碍中国社会前进而没有丝毫进步作用的阶级。"[6] 因此，要打倒帝国主义，求得民族独立和人民解放，必须要摧毁封建地主阶级的反动统治。

帝国主义和封建主义相互勾结，严重阻碍了中国社会的向前发展。既然中国革命的对象主要是帝国主义和封建地主阶级，那么中国革命的任务，"主要地就是打击这两个敌人，就是对外推翻帝国主义压迫的民族革命和对内推翻封建地主压迫的民主革命，而最主要的任务是推翻帝国主义的民族革命"[7]。这两大革命任务是互相关联、不可分离的。如果不推翻帝国主义的压迫，就不能消灭封建地主阶级的统治，因为帝国主义是封建地主阶级的主要支持者；反之，由于封建地主阶级是帝国主义统治中国的主要社会基础，如果不帮助作为中国革命主力军的农民推翻封建地主阶级，就不能组成强大的革命队伍推翻帝国主义的统治。所以，民族革命和民主革命这两个革命任务，既相互区别又相互统一，构成了中国革命全部的历史使命。

（二）新民主主义革命的领导

中国资产阶级民主革命的领导权是掌握在资产阶级手中还是无产阶级手中，这是区分新旧民主主义革命的主要标志。无产阶级对于革命的领导权，是新民主主义的核心内容。

关于新民主主义革命的领导力量，毛泽东在《新民主主义论》中指出，在1919年五四运动以前，中国资产阶级民主革命的政治指导者是中国的小资产阶级和资产阶级以及他们的知识分子。这时，中国无产阶级还没有当做一个觉悟了的独立的阶级力量登上政治的舞台，还是当做小资产阶级和资产阶级的追随者参加了革命。在五四运动以后，虽然中国民族资产阶级继续参加了革命，但是中国资产阶级民主革命的政治指导者，已经不是属于中国资产阶级，而是属于中国无产阶级了。这时的中国无产阶级，由于自己的成长和受到俄国十月革命的影响，已经迅速地变成为一个觉悟了的独立的政治力量了。中国无产阶级及其先锋队——中国共产党勇敢地担负起了革命的领导责任。

对于中国资产阶级民主革命由谁来领导这个问题，中国共产党的认识也经历了一个曲折的过程。早在中国共产党成立后，许多中国共产党人如毛泽东、蔡和森、周恩来、邓中夏、瞿秋白等就已经开始探索中国革命的领导权问题。1922年9月，蔡和森指出，解决中国的出路问题，只能靠一个强有力的革命党，“尤其是最能革命的工人阶级的势力来统一。”[8] 1923年9月，瞿秋白在《自民权主义至社会主义》一文中指出：“落后的国家之无产阶级参加民权革命之职任愈大。资产阶级性的革命却须无产阶级领导才能胜利。平民之革命民权独裁制是中国到社会主义的唯一道路。”[9] 1925年1月，党的四大首次正式提出了

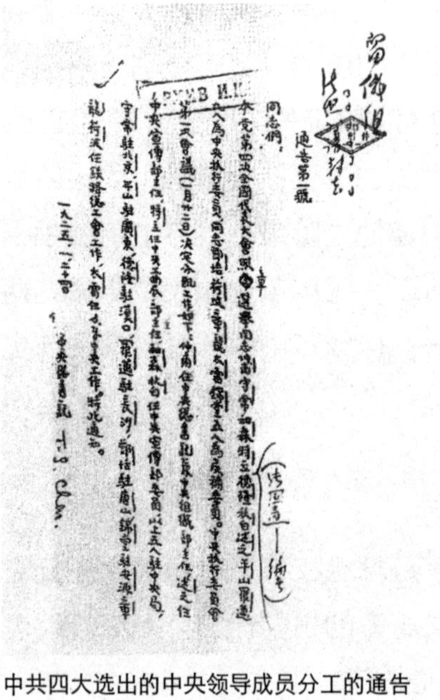

中共四大选出的中央领导成员分工的通告

民主革命中无产阶级领导权的问题。在党的四大通过的《关于民族革命运动的决议案》中指出："中国的民族革命运动，必须最革命的无产阶级有力的参加，并且取得领导的地位，才能够得到胜利。"[10] 1925年12月，毛泽东在《中国社会各阶级的分析》一文中，也明确地指出工业无产阶级是近代中国最进步的阶级，是革命的领导力量。虽然此时对于无产阶级领导权问题已经有了一定的认识，可是党内还有一部分人对此存有模糊甚至错误的认识。在大革命时期，以陈独秀为代表的右倾机会主义者认为，中国工人阶级由于力量弱小，"不是独立的革命势力"，不能领导中国革命，中国革命必须由资产阶级来领导。在这种错误思想的指导下，中国共产党放弃革命的领导权，导致国民革命的失败。大革命失败后，中国共产党人进一步认识到无产阶级领导权问题的重要性，经过土地战争时期的革命实践，到抗日战争时期，毛泽东系统地阐述了无产阶级领导权问题。

中国的资产阶级民主革命为什么不能由资产阶级来领导，而必须由无产阶级领导才能取得胜利呢？毛泽东在《新民主主义论》中给予了回答。他把中国的资产阶级分为大资产阶级和民族资产阶级两部分。认为中国的大资产阶级，同帝国主义和封建势力相互勾结，反对人民革命。在土地革命战争时期，以国民党为代表的大资产阶级就同帝国主义、封建势力结成同盟，镇压人民群众的革命。到了抗日战争时期，以汪精卫为代表的大资产阶级的一部分又投降了日本帝国主义。所以大资产阶级不但不能领导民主革命，而且他们是民主革命的敌人。对于民族资产阶级，毛泽东指出，民族资产阶级由于受到帝国主义的压迫，他们在一定时期中和一定程度上，保存着反对外国帝国主义和本国官僚军阀政府的革命性，可以同无产阶级、小资产阶级联合起来，反对他们所愿意反对的敌人。但同时，由于中国的民族资产阶级是殖民地半殖民地的资产阶级，他们在经济上和政治上异常软弱，又保存了对于革命敌人的妥协性。他们不愿意同帝国主义完全分裂，也与封建势力有着千丝万缕的联系，所以他们不愿意也不能彻底推翻帝国主义和封建主义。正如毛泽东所说："一方面——参加革命的可能性，又一方面——对革命敌人的妥协性，这就是中国资产阶级'一身而二任焉'的两面性。"这种两面性，决定了资产阶级不可能担负起领导中国革命的历史重任，这已经被历史所证明。以孙中山为领导的国民党，曾作为民族资产阶级的代表领导中国革命，但是由于其阶级的局限性，不能提出彻底的反对帝国主义和封建主义的革命纲领，不愿也不能号召起广大人民群众进行彻底的民主革命，因此革命果实被北洋军阀袁世凯所窃取，辛亥革命最终遭到了失败。历史已经证明，资产阶级不能领导中国革命走向胜利，这个责任只有无产阶级才能够承担。

中国革命必须由无产阶级来领导，这是由中国无产阶级自身的特点和优点所决定的。中国无产阶级除了具有一般无产阶级的基本优点，即与最先进的经济形式相联系，富于组织性、纪律性，没有私人占有的生产资料以外，还有它的许多特殊的优点。第一，中国无产阶级深受帝国主义、资产阶级和封建势力的三重压迫，而这些压迫的严重性和残酷性是世界各民族中少见的。因此，他们的革命性比任何别的阶级都坚决和彻底。第二，中国无产阶级多出身于破产的农民，他们与广大的农民有着一种天然的联系，便利于和农民结成亲密的联盟。第三，中国无产阶级主要分布在沿海、沿江城市的外资和官僚资本的大型企业中，易于革命思想的传播和形成强大统一的革命力量。更为可贵的是，无产阶级自它登上革命历史舞台后，就在本阶级的革命政党——中国共产党的领导之下，成为中国社会里最有觉悟的阶级。而争取和实现无产阶级领导权的责任必须由无产阶级政党——中国共产党来承担。1921 年，中国共产党的成立，使中国革命的面貌焕然一新，从此中国的无产阶级有了自己的革命组织。打倒帝国主义的口号和整个中国资产阶级民主革命的纲领是中国共产党提出的；而土地革命的实行，则是中国共产党单独进行的。抗日战争爆发后，中国共产党提出抗日民族统一战线的口号，积极促成第二次国共合作的实现，从而发动了全民族的伟大的抗日战争。领导中国革命走向胜利，“除了中国共产党之外，是没有任何一个别的政党（无论是资产阶级的政党或小资产阶级的政党）能够担负的”[11]。无产阶级的领导权正是通过中国共产党的领导来实现的。无产阶级对于中国资产阶级民族革命领导权的重大意义，正如毛泽东所指出的：“由于无产阶级的领导，根本地改变了革命的面貌，引出了阶级关系的新调度，农民革命的大发动，反帝国主义和反封建主义的革命彻底性，由民主革命转变到社会主义革命的可能性，等等。所有这些，都是在资产阶级领导革命时期不可能出现的。”[12]

（三）新民主主义革命的动力

革命的动力问题也是新民主主义革命的一个基本问题。毛泽东曾指出：“在中国社会的各个阶级和各个阶层中，有些什么阶级有些什么阶层可以充当反对帝国主义和封建主义的力量呢？这就是现阶段上中国革命的动力问题。认清这个革命的动力问题，才能正确地解决中国革命的基本策略问题。”[13] 新民主主义总路线中的“人民大众”指的就是革命的动力，其中包括无产阶级、农民阶级、城市小资产阶级和民族资产阶级。“中国无产阶级、农民、知识分子和其他小资产阶级，乃是决定国家命运的基本势力。”[14]

无产阶级不仅是中国革命最基本的动力，而且是革命的领导力量。中国无产阶级是新的社会生产力的代表，是近代中国最进步的阶级，是中国革命的领导阶级。毛泽东指出，没有近代工业工人阶级，革命就不能胜利，因为他们是中国革命的领导者，他们最富于革命性。但是由于中国无产阶级人数比较少，力量还比较弱小，文化水平比较低，因此，“中国无产阶级应该懂得：他们自己虽然是一个最有觉悟性和最有组织性的阶级，但是如果单凭自己一个阶级的力量，是不能胜利的。而要胜利，他们就必须在各种不同的情形下团结一切可能的革命的阶级和阶层，组织革命的统一战线”[15]。

农民阶级是中国革命的主力军，是无产阶级最可靠的同盟军。在半殖民地半封建的中国，农民在全国总人口中大约占百分之八十，广大农民长期受着封建地主阶级的经济剥削和政治压迫，生活异常困苦。他们同时也是帝国主义最大的掠夺对象。他们具有强烈的反帝反封建的革命要求，因此，农民问题就成了中国革命的基本问题，农民的力量，是中国革命的主要力量。中国的民主革命，实际上就是农民革命，中国的革命战争实质上是农民战争。这是中国共产党经过长期革命斗争所得出的一个重要认识。

农民阶级作为一个人数众多的群体，其内部按照经济地位的差异又可分为富农、中农、贫农三个阶层。不同的经济地位，决定了其对革命的不同态度。富农约占农村人口的百分之五左右，被称为农村的资产阶级。“富农一般地在农民群众反对帝国主义的斗争中可能参加一分力量，在反对地主的土地革命斗争中也可能保持中立。因此，我们不应把富农看成和地主无分别的阶级，不应过早地采取消灭富农的政策。”[16] 中农在中国农村人口约占百分之二十左右，他们一般不剥削别人，在经济上能自给自足，而受到帝国主义、地主阶级和资产阶级的剥削，没有政治权利。“中农不但能够参加反帝国主义革命和土地革命，并且能够接受社会主义。因此，全部中农都可以称为无产阶级的可靠的同盟者，是重要的革命动力的一部分。”[17] 贫农连同雇农在内，约占农村人口的百分之七十。他们没有土地或者土地不足，“是农村中的半无产阶级，是中国革命的最广大的动力，是无产阶级的天然的和最可靠的同盟者，是中国革命队伍的主力军”[18]。中国农民虽然分为富农、中农、贫农三个阶层，但毛泽东特别强调农民这个名称所包括的内容，主要是指贫农和中农。贫农和中农只有在无产阶级的领导下，才能得到解放；而无产阶级也只有和贫农、中农结成坚固的联盟，才能领导革命取得胜利。

城市小资产阶级包括广大的知识分子、小商人、手工业者和自由职业者。他们的地位和农民阶级中的中农的地位有些相像，都受帝国主义、封建主义和大资产阶级的压迫，日益走向破产和没落的境地。“因此，这些小资产阶级是革命的动力之一，是无产阶级的可靠的同盟者。这些小资产阶级也只有在无产阶级领导之下，才能得到解放。”[19] 其中，知识分子和青年学生并不是一个阶级或阶层，但从他们的家庭出身、生活条件和政治立场来看，他们多数可以归入小资产阶级范畴。这部分人群中，除去一部分接近帝国主义和大资产阶级并为其服务而反对民众的知识分子以外，一般是受到帝国主义、封建主义和大资产阶级的压迫，因此具有很大的革命性。他们在中国革命中常常起着先锋和桥梁的作用。“革命力量的组织和革命事业的建设，离开革命的知识分子的参加，是不能成功的。”[20] 但是，知识分子在未和群众的革命斗争打成一片的时候，在未与群众相结合的时候，也常常具有主观主义和个人主义的倾向，往往产生妥协动摇，这些缺点需要在长期的群众斗争中才能加以克服。

民族资产阶级是一个带有两重性的阶级。早在 1923 年党的三大通过的党纲草案中，就认为，“中国之资产阶级的发展与国际帝国主义及军阀根本上不能不冲突”，因而有参加反对帝国主义反对军阀的一面，同时也“极易妥协而卖平民”[21]。毛泽东在《中国社会各阶级的分析》一文中，也曾指出民族资产阶级对于中国革命具有矛盾的态度。1939 年 12 月，毛泽东在《中国革命和中国共产党》一文中对民族资产阶级的两面性又作了更为科学系统的分析。他认为，一方面，民族资产阶级受帝国主义的压迫，又受封建主义的束缚，所以同帝国主义和封建主义有矛盾，是革命的力量之一。但另一方面，由于他们在经济上和政治上的软弱性，又由于他们同帝国主义和封建主义并未完全断绝经济上的联系，所以又没有彻底的反帝反封建的勇气。“民族资产阶级的这种两重性，决定了他们在一定时期中和一定程度上能够参加反帝国主义和反官僚军阀政府的革命，他们可以成为革命的一种力量。而在另一时期，就有跟在买办大资产阶级后面，作为反革命的助手的危险。”[22] 民族资产阶级虽然在1927 年到 1931 年九一八事变以前的这段时间里，跟随大地主大资产阶级反对过革命，但是他们基本上还没有掌握过政权，而且受到当政的大地主大资产阶级的反动政策的限制。在抗日战争时期，他们主张抗日，和大地主大资产阶级的顽固派、投降派有区别，因此，仍然是我们较好的同盟者。但是必须清楚地认识到，民族资产阶级的这种两重性，决定了它虽然也是新民主主义革命的动力之一，但它既不能充当革命的主要力量，更不能成为革命的领导力量。对于民族资产阶级采取慎重的政策，是完全必要的。

综上可见，新民主主义革命只有在无产阶级的领导下，结成各阶级广泛的革命统一战线，才能取得成功。正如毛泽东所指出：“在中国社会的各阶级中，农民是工人阶级的坚固的同盟军，城市小资产阶级也是可靠的同盟军，民族资产阶级则是在一定时期中和一定程度上的同盟军，这是现代中国革命的历史所已经证明了的根本规律之一。”[23]

（四）新民主主义革命的性质和前途

近代中国半殖民地半封建的社会性质和中国革命的历史任务，决定了中国革命的性质是资产阶级民主主义革命，而不是无产阶级社会主义革命。毛泽东指出，既然中国仍然是一个殖民地、半殖民地、半封建的社会，既然革命的主要敌人主要还是帝国主义和封建势力，革命的任务是推翻这两个主要敌人的民族革命和民主革命，既然这个革命有时还有资产阶级参加，这就决定了现阶段中国革命的性质是资产阶级民主主义的革命。

但是正像前文所述，由于第一次帝国主义世界大战和俄国十月革命的胜利，整个世界历史的方向发生了改变，现时中国的资产阶级民主主义革命，已不是旧式的一般的资产阶级民主主义的革命，这种革命已经过时了，而是新式的特殊的资产阶级民主主义的革命，我们称这种革命为新民主主义革命。这种新民主主义革命与旧民主主义革命性质不同。它是世界无产阶级革命的一部分，坚决地反对帝国主义；革命的领导者已经不是资产阶级，而是无产阶级；革命目的已经不是建立资本主义的社会和资产阶级专政的国家，而是建立新民主主义的社会和各革命阶级联合专政的国家；革命前途是要发展到社会主义方向去的，为社会主义的发展扫清道路。这种新民主主义革命与社会主义革命性质也不同。它只推翻帝国主义和汉奸反动派在中国的统治，而不破坏任何尚能参加反帝反封建的资本主义成分；在经济上，保存一般的私人资本主义企业，不废除富农经济，容许有利于国计民生的私人资本主义的发展，而不是消灭私有制和资本主义剥削制度；在政治上，所要建立的政权是无产阶级领导的各革命阶级的联合专政，而不是无产阶级专政。但是，新民主主义革命和社会主义革命又是互相联系、紧密衔接的两个革命阶段。新民主主义革命一方面是替资本主义扫清道路，但在另一方面又是替社会主义创造条件。新民主主义革命阶段，是为了终结殖民地、半殖民地、半封建社会和建立社会主义社会之间的一个过渡的阶段，中国的社会必须经过这个革命，才能进一步发展到社会主义社会方向去。新民主主义革命胜利后，一方面会使资本主义有一个相当程度的发展，另一方面又使社会主义因素得到发展。这种社会主义因素“就是无产阶级和共产党在全国政治势力中的比重的增长，就是农民、知识分子和城市小资产阶级或者已经或者可能承认无产阶级和共产党的领导权，就是民主共和国的国营经济和劳动人民的合作社经济”。“加以国际环境的有利，便使中国资产阶级民主革命的最后结果，避免资本主义的前途，实现社会主义的前途，不能不具有极大的可能性了。”[24] 因此，新民主主义革命的最终前途，不是资本主义，而是社会主义和共产主义。

新民主主义革命的前途问题，实际上就是中国资产阶级民主主义革命和无产阶级社会主义革命的关系问题。毛泽东把中国革命的历史进程划分为这两个步骤，并明确指出，这就是中国革命的历史特点。在中国革命的阶段问题上，中国共产党内曾出现两种错误论调。一种论调是以陈独秀为代表的右倾机会主义者所鼓吹的“二次革命论”。他们只看到了民主主义革命和社会主义革命的区别，而没有看到二者之间的联系，把两个紧密相连的革命阶段割裂开来，主张在两个革命阶段之间横插一个资产阶级专政和发展资本主义的阶段，将来再去进行社会主义革命。他们认为中国无产阶级力量弱小，农民阶级涣散，只有资产阶级力量强大，所以他们放弃革命的领导权，致使中国革命遭受了重大损失。另一种论调是以王明为代表的“左”倾空谈主义者所鼓吹的“一次革命论”。他们只看到了民主革命与社会主义革命的联系，混淆了民主革命和社会主义革命的界限，企图把社会主义革命阶段的任务放在民主革命阶段来完成，将两种不同性质的革命“毕其功于一役”，一举夺取社会主义革命的胜利。“左”倾空谈主义者，不仅对民族资产阶级“只讲斗争，不讲联合”，而且打击小资产阶级，排斥本来可以团结和联合的革命力量，造成了一定程度上的孤立，使革命形势遭受了严重挫折。此外，国民党顽固派也故意混淆两个不同的革命阶段，提倡“一次革命论”，他们所主张的“一次革命论”，是认为中国只需要建立资产阶级专政，以此来反对共产主义和中国共产党。因此，我们只有认清民主主义革命和社会主义革命的区别，同时又认清二者之间的联系，才能正确地领导中国革命。对于新民主主义革命和社会主义革命之间的关系，毛泽东曾经形象地比喻为文章的上篇和下篇，认为“两篇文章，上篇与下篇，只有上篇做好，下篇才能做好。坚决地领导民主革命，是争取社会主义胜利的条件”。[25] 1939 年 12 月，在《中国革命和中国共产党》一文中，毛泽东在谈到二者的关系时说：“每个共产党员须知，中国共产党领导的整个中国革命运动，是包括民主主义革命和社会主义革命两个阶段在内的全部革命运动；这是两个性质不同的革命过程，只有完成了前一个革命过程才有可能去完成后一个革命过程。民主主义革命是社会主义革命的必要准备，社会主义革命是民主主义革命的必然趋势。”“完成中国资产阶级民主主义的革命（新民主主义的革命），并准备在一切必要条件具备的时候把它转变到社会主义革命的阶段上去，这就是中国共产党光荣的伟大的全部革命任务。每个共产党员都应为此而奋斗，绝对不能半途而废。”[26]

新民主主义革命的直接目的，是要建立一个新民主主义共和国。对于新民主主义共和国到底是怎样的一个社会和国家，毛泽东在《新民主主义论》中明确指出：“在这个新社会和新国家中，不但有新政治、新经济，而且有新文化。这就是说，我们不但要把一个政治上受压迫、经济上受剥削的中国，变为一个政治上自由和经济上繁荣的中国，而且要把一个被旧文化统治因而愚昧落后的中国，变为一个被新文化统治因而文明先进的中国。”为实现这样的革命目标，毛泽东全面阐述了新民主主义政治、经济、文化的基本思想，勾画了一幅新民主主义社会的宏伟蓝图。

【本章注释】

[1]《毛泽东选集》第 2 卷，人民出版社 1991 年版，第 633 页。

[2]《毛泽东选集》第 2 卷，人民出版社 1991 年版，第 631 页。

[3]《斯大林选集》上卷，人民出版社 1979 年版，第 126 页。

[4]《毛泽东选集》第 2 卷，人民出版社 1991 年版，第 633 页。

[5]《毛泽东选集》第 1 卷，人民出版社 1991 年版，第 15 页。

[6]《毛泽东选集》第 2 卷，人民出版社 1991 年版，第 638 页。

[7]《毛泽东选集》第 2 卷，人民出版社 1991 年版，第 637 页。

[8]《蔡和森文集》，人民出版社 1980 年版，第 105 页。

[9]《瞿秋白文集》（政治理论编）第 2 卷，人民出版社 1988 年版，第 193 页。

[10]《中共中央文件选集》第 1 册，中共中央党校出版社 1989 年版，第 333 页。

[11]《毛泽东选集》第 2 卷，人民出版社 1991 年版，第 652 页。

[12]《毛泽东选集》第 1 卷，人民出版社 1991 年版，第 315 页。

[13]《毛泽东选集》第 2 卷，人民出版社 1991 年版，第 638 页。

[14]《毛泽东选集》第 2 卷，人民出版社 1991 年版，第 674 页。

[15]《毛泽东选集》第 2 卷，人民出版社 1991 年版，第 645 页。

[16]《毛泽东选集》第 2 卷，人民出版社 1991 年版，第 643 页。

[17]《毛泽东选集》第 2 卷，人民出版社 1991 年版，第 643 页。

[18]《毛泽东选集》第 2 卷，人民出版社 1991 年版，第 643 页。

[19]《毛泽东选集》第 2 卷，人民出版社 1991 年版，第 641 页。

[20]《毛泽东选集》第 2 卷，人民出版社 1991 年版，第 641 页。

[21]《中共中央文件选集》第 1 册，中共中央党校出版社 1989 年版，第 140 页。

[22]《毛泽东选集》第 2 卷，人民出版社 1991 年版，第 640 页。

[23]《毛泽东选集》第 2 卷，人民出版社 1991 年版，第 645 页。

[24]《毛泽东选集》第 2 卷，人民出版社 1991 年版，第 650 页。

[25]《毛泽东选集》第 1 卷，人民出版社 1991 年版，第 276 页。

[26]《毛泽东选集》第 2 卷，人民出版社 1991 年版，第 651 页。

第三章 《新民主主义论》全面阐述了新民主主义的政治、经济和文化思想

一 | 分析了政治、经济、文化之间的辩证关系

在具体阐述新民主主义政治、经济、文化内容之前，毛泽东首先运用历史唯物主义的基本原理，阐述了政治、经济、文化之间的辩证关系。在社会存在与社会意识的关系问题上，马克思主义认为，社会存在决定社会意识，社会意识是社会存在的反映。马克思在《政治经济学批判序言》中指出："人们在自己生活的社会生产中发生一定的、必然的、不以他们的意志为转移的关系，即同他们的物质生产力的一定发展阶段相适合的生产关系。这些生产关系的总和构成社会的经济结构，即有法律的和政治的上层建筑竖立其上并有一定的社会意识形式与之相适应的现实基础。物质生活的生产方式制约着整个社会生活、政治生活和精神生活的过程。不是人们的意识决定人们的存在，相反，是人们的社会存在决定人们的意识。"[1]同时，社会意识又有其相对独立性，对社会存在具有能动的反作用。上层建筑为自己的经济基础服务，确立和维护其在社会中的统治地位。毛泽东将马克思主义关于存在与意识的关系原理，称之为能动的革命的反映论，并从唯物史观的观点出发，科学指明了政治、经济、文化三者之间的关系。他指出："一定的文化（当作观念形态的文化）是一定社会的政治和经济的反映，又给予伟大影响和作用于一定社会的政治和经济，而经济是基础，政治则是经济的集中表现。这是我们对于文化和政治、经济的关系及政治和经济的关系的基本观点。"也就是说，一定形态的政治和经济首先决定一定形态的文化，然后，一定形态的文化又给予影响和作用于一定形态的政治和经济。所以，要推翻半殖民地半封建社会的反动统治，必须要革除

殖民地、半殖民地、半封建的旧政治、旧经济和为这种旧政治、旧经济服务的旧文化。而要建立起来的，是中华民族的新政治、新经济、新文化，即新民主主义的政治、经济和文化。

二 | 新民主主义的政治

毛泽东在《新民主主义论》中，科学地论证了中国新民主主义革命所要达到的政治目的，即推翻帝国主义和封建主义，建立中华民主共和国。他指出，新民主主义革命成功后所要建立的国家，“只能是在无产阶级领导下的一切反帝反封建的人们联合专政的民主共和国”，即新民主主义的共和国。这种新民主主义共和国，一方面和旧形式的、欧美的、资产阶级专政的、资本主义的共和国相区别，另一方面，也和苏联式的、无产阶级专政的、社会主义的共和国相区别。它是殖民地半殖民地国家在一定历史时期中所采取的国家形式。新民主主义革命胜利后，建立新民主主义的国家，是历史发展的必然选择。毛泽东分析指出：第一，中国的国家制度不应该是建立一个大地主大资产阶级专政的、封建的、法西斯的、反人民的国家制度，这已由国民党主要统治集团的统治证明为完全破产了；第二，由于民族资产阶级在政治上和经济上的软弱，以及中国无产阶级及其领袖——中国共产党的坚强领导能力，因此中国不可能建立一个纯粹民族资产阶级的旧式民主专政的国家；第三，在中国的现阶段，由于革命任务还是反对帝国主义和封建主义，在中国社会经济的必要条件还不具备时，也不可能实现社会主义的国家制度。因此，革命胜利后必然要建立一个新民主主义的共和国，它是一种“过渡的形式，但是不可移易的必要的形式”。

为进一步认识新民主主义类型国家的特点，毛泽东对新民主主义共和国的国体和政体进行了深刻的分析。就国体而言，国体问题指的就是社会各阶级在国家中的地位问题。在《新民主主义论》中，毛泽东对全世界国家的类型按照国体分为三种，即资产阶级专政的共和国，无产阶级专政的共和国，几个革命阶级联合专政的共和国。第二次帝国主义战争爆发后，许多资本主义国家已经没有了民主的气息，正在酝酿向无产阶级专政的共和国转变，而无产阶级专政的共和国已经在苏联兴盛起来，并且还要在各资本主义国家建立起来，必将成为将来一定时期中的世界统治形式。对于广大的殖民地半殖民地国家，基本会采取几个反对帝国主义的阶级联合起来共同专政的新民主主义的国家形式，这是走向无产阶级专政的过渡形式。那么对于中国来说，革命胜利后所要建立的新民主主义的共和国，其国体是怎样的呢？毛泽东在对中国各阶级经济、政治地位分析的基础上，指出："中国无产阶级、农民、知识分子和其他小资产阶级，乃是决定国家命运的基本势力。这些阶级，或者已经觉悟，或者正在觉悟起来，他们必然要成为中华民主共和国的国家构成和政权构成的基本部分，而无产阶级则是领导的力量。"也就是说，中国新民主主义共和国的国体是由无产阶级领导的、以工农联盟为基础的，几个革命阶级的联合专政。具体到抗战时期，中国新民主主义的国家形式，就是抗日统一战线的形式。"它既是抗日的，反对帝国主义的；又是几个革命阶级联合的，统一战线的。"而抗战时期党在各抗日根据地建立起来的"三三制"政权，就是新民主主义政权在抗日民族统一战线阶段的具体形式。这种实践也推动了关于新民主主义政权理论的进一步发展。1948 年 9 月，毛泽东在中共中央政治局会议所作的报告中第一次明确提出"建立无产阶级领导的以工农联盟为基础的人民民主专政"，并进一步指出："我们政权的阶级性是这样：无产阶级领导的，以工农联盟为基础，但不是仅仅工农，还有资产阶级民主分子参加的人民民主专政。"[2] 此后，毛泽东在《将革命进行到底》的新年献词中以及 1949 年 3 月召开的党的七届二中全会的报告中，都对人民民主专政进行了阐述。1949 年 6 月发表的《论人民民主专政》一文，对人民民主专政国家政权的性质、各阶级在国家中的地位以及政权组织形式等问题，进行了系统论述，标志着人民民主专政理论的正式形成。国体需要政体来体现，一定的政体必须与一定的国体相适应。就政体而言，政体问题指的是政权构成的形式问题，指的是一定的社会阶级采取什么样的形式去组织那反对敌人保护自己的政权机关。毛泽东认为，与新民主主义国体相适应的政体应当是建立在民主集中制基础上的各级人民代表大会制。他指出 :“中国现在可以采取全国人民代表大会、省人民代表大会、县人民代表大会、区人民代表大会直到乡人民代表大会的系统，并由各级代表大会选举政府。但必须实行无男女、信仰、财产、教育等差别的真正普遍平等的选举制，才能适合于各革命阶级在国家中的地位，适合于表现民意和指挥革命斗争，适合于新民主主义的精神。这种制度即是民主集中制。”他认为，只有实行民主集中制的政府，才能充分发挥一切革命人民的意志，也才能最有力量地反对革命的敌人。通过一系列论述，毛泽东在《新民主主义论》中总结道 :“国体——各革命阶级联合专政。政体——民主集中制。这就是新民主主义的政治，这就是新民主主义的共和国。”

此后，毛泽东在《论联合政府》中，又进一步对新民主主义的政治纲领进行了阐述。他指出，在彻底打败日本侵略者之后，要建立一个以全国绝大多数人民为基础而在工人阶级领导之下的统一战线的民主联盟的国家制度，即新民主主义的国家制度。在这个国家里，“我们主张的新民主主义的政治，就是推翻外来的民族压迫，废止国内的封建主义的和法西斯主义的压迫，并且主张在推翻和废止这些之后不是建立一个旧民主主义的政治制度，而是建立一个联合一切民主阶级的统一战线的政治制度”[3]。而“新民主主义的政权组织，应该采取民主集中制，由各级人民代表大会决定大政方针，选举政府。它是民主的，又是集中的，就是说，在民主基础上的集中，在集中指导下的民主。只有这个制度，才既能表现广泛的民主，使各级人民代表大会有高度的权力；又能集中处理国事，使各级政府能集中地处理被各级人民代表大会所委托的一切事务，并保障人民的一切必要的民主活动”[4]。新民主主义的政治纲领，为新民主主义革命指明了目标方向，也为中华人民共和国的成立奠定了政治基础。

三 | 新民主主义的经济

新民主主义共和国“在政治上是新民主主义的，在经济上也必须是新民主主义的”。在《新民主主义论》中，毛泽东详细阐述了新民主主义的经济思想，即没收大银行、大工业、大商业归新民主主义共和国国家所有，使之成为社会主义性质的国营经济，并成为整个国民经济的领导力量，使私有资本制度不能操纵国民生计。但由于中国经济还十分落后，新民主主义共和国“并不没收其他资本主义的私有财产，并不禁止‘不能操纵国民生计’的资本主义生产的发展”。这个共和国同时还采取必要方法，“没收地主的土地，分配给无地和少地的农民，实行中山先生‘耕者有其田’的口号，扫除农村中的封建关系，把土地变为农民的私产”，并容许农村中富农经济的存在。总之，毛泽东认为，中国的经济一定要走“节制资本”和“平均地权”的道路，决不能是被“少数人所得而私”，让少数资本家和地主操纵国民生计，不能建立欧美式的资本主义社会，也决不能是旧的半封建社会。由于新民主主义共和国是在无产阶级领导之下的，因而其建立起来的国营经济具有社会主义的性质；在农村中没收的地主的土地，分配给无地和少地的农民，也是变为农民的私产，还不是建立社会主义的农业，但在“耕者有其田”基础上发展的各种合作社经济也具有社会主义的因素。因而，这种经济是新民主主义性质的经济，是“革命的中国、抗日的中国应该建立和必然要建立的内部经济关系”。

此后一段时间，毛泽东又进一步论述了新民主主义的经济纲领。在《论联合政府》一文中，在对待发展私人资本主义的态度问题上，毛泽东进一步阐明了中国共产党的看法。他说：“有些人怀疑中国共产党人不赞成发展个性，不赞成发展私人资本主义，不赞成保护私有财产，其实是不对的。民族压迫和封建压迫残酷地束缚着中国人民的个性发展，束缚着私人资本主义的发展和破坏着广大人民的财产。我们主张的新民主主义制度的任务，则正是接触这些束缚和停止这种破坏，保障广大人民能够自由发展其在共同生活中的个性，能够自由发展那些不是‘操纵国民生计’而是有益于国民生计的私人资本主义经济，保障一切正当的私有财产。”[5]他指出，新民主主义的经济，必须是由国家经营、私人经营和合作社经营三者构成的。在回答共产党人为什么不怕资本主义，反而在一定条件下还要发展资本主义时，毛泽东说：“拿资本主义的某种发展去代替外国帝国主义和本国封建主义的压迫，不但是一个进步，而且是一个不可避免的过程。它不但有利于资产阶级，同时也有利于无产阶级，或者说更有利于无产阶级。现在的中国是多了一个外国的帝国主义和一个本国的封建主义，而不是多了一个本国的资本主义，相反地，我们的资本主义是太少了。”[6]他进一步强调指出：“在中国的条件下，在新民主主义的国家制度下，除了国家自己的经济、劳动人民的个体经济和合作社经济之外，一定要让私人资本主义经济在不能操纵国民生计的范围内获得发展的便利，才能有益于社会的向前发展。”[7]1947年12月，毛泽东在《目前的形势和我们的任务》的报告中，明确提出了新民主主义革命的三大经济纲领，即“没收封建阶级的土地归农民所有，没收蒋介石、宋子文、孔祥熙、陈立夫为首的垄断资本归新民主主义的国家所有，保护民族工商业”[8]。同时明确指出了新民主主义经济由国营经济、个体逐步向着集体方向发展的农业经济、独立小工商业者的经济和小的中等的私人资本经济四种经济成分构成，并把发展生产、繁荣经济、公私兼顾、劳资两利这个总目标作为新民主主义国民经济的指导方针。1949 年 3 月，毛泽东在党的七届二中全会上，对于中国共产党为什么实行这样的经济政策，给予了明确回答。他指出："中国的工业和农业在国民经济中的比重，就全国范围来说，在抗日战争以前，大约是现代性的工业占百分之十左右，农业和手工业占百分之九十左右。这是帝国主义制度和封建制度压迫中国的结果，这是旧中国半殖民地和半封建社会性质在经济上的表现，这也是在中国革命的时期内和在革命胜利以后一个相当长的时期内一切问题的基本出发点。从这一点出发，产生了我党一系列的战略上、策略上和政策上的问题。"[9] 在这次大会上，毛泽东对新民主主义的经济形态作了全面系统的分析。第一，中国已经有大约百分之十左右的现代性的工业经济，这是进步的。第二，中国还有大约百分之九十左右的分散的个体的农业经济和手工业经济，这是落后的。在今后相当长的一个时期内，农业和手工业，就其基本形态来说，还是分散的和个体的。第三，中国的现代性工业的产值虽然只占国民经济总产值的百分之十左右，但却主要集中在帝国主义者即官僚资产阶级手中，没收这些资本归无产阶级领导的国家所有，就使人民共和国掌握了国家的经济命脉，使国营经济成为整个国民经济的领导成分。这部分经济，是社会主义性质的经济，不是资本主义性质的经济。第四，中国的私人资本主义工业，占了现代性工业中的第二位，它是一个不可忽视的力量。在革命胜利后的一个相当长的时期内，还需要尽可能地利用城乡私人资本主义的积极性，以利于国民经济的向前发展。但同时，中国资本主义的存在和发展，不是同资本主义国家那样不受任何限制任其泛滥，我们应当对资本主义采取恰如其分的有伸缩性的限制政策。抛弃“节制资本”的口号是错误的，对私人资本限制得太多太死，甚至要消灭私人资本，也是完全错误的。第五，占国民经济总产值百分之九十的分散的个体的农业和手工业经济，是可能和必须先谨慎地、逐步地而又积极地引导它们向着现代化和集体化的方向发展的。最后，他将新民主主义经济成分进一步划分为五种，即“国营经济是社会主义性质的，合作社经济是半社会主义性质的，加上私人资本主义，加上个体经济，加上国家和私人合作的国家资本主义经济，这些就是人民共和国的几种主要的经济成分，这些就构成新民主主义的经济形态”[10]。毛泽东所阐述的新民主主义的经济纲领，是根据中国的社会性质和经济状况所提出来的，它为中国共产党经济政策的制定提供了依据，是新民主主义经济建设的指导纲领。

四 | 新民主主义的文化

在《新民主主义论》中，毛泽东明确提出了新民主主义文化的政策主张、斗争目标，系统阐述了新民主主义的文化理论。

首先，毛泽东对中国的文化性质进行了科学区分。他指出：“一定的文化是一定社会的政治和经济在观念形态上的反映。”中国的历史特点，决定了中国存在着多种不同性质的文化。由于帝国主义对中国的统治或半统治，反映在文化上，即存在帝国主义的文化。一切包含奴化思想的文化，都属于这一类；在中国，又有半封建的文化，这是反映半封建政治和半封建经济的东西，凡属主张尊孔读经、提倡旧礼教旧思想、反对新文化新思想的人们，都是这类文化的代表；帝国主义文化和半封建文化结成文化上的反动同盟，反对中国的新文化。这类反动文化都是替帝国主义和封建阶级服务的，不把这种东西打倒，任何新文化都是建立不起来的；新文化是新政治和新经济在观念形态上的反映，是为新政治和新经济服务的。中国自从产生资本主义经济以来，社会性质发生了改变，变成半封建社会，这种资本主义的经济，对于封建经济来说，就是新经济。同这种资本主义经济同时发展和成长起来的新政治力量，就是资产阶级、小资产阶级和无产阶级的政治力量。而在观念形态上作为这种新的经济力量和政治力量的反映并为之服务的，就是新文化。

毛泽东在《新民主主义论》一文中，对新文化进一步作了区分。他指出，以五四运动为标志，这种新文化分为“五四”以前和“五四”以后两个不同的历史时期。在“五四”以前，中国的新文化，是旧民主主义的文化，是旧民主主义性质的文化，属于世界资产阶级的资本主义的文化革命的一部分。这段历史时期，中国文化战线上的斗争，是资产阶级的新文化和封建阶级的旧文化之间的斗争。毛泽东指出：“在‘五四’以前，学校与科举之争，新学与旧学之争，西学与中学之争，都带着这种性质。那时的所谓学校、新学、西学，基本上都是资产阶级代表们所需要的自然科学和资产阶级的社会政治学说（说基本上，是说那中间还夹杂了许多中国的封建余毒在内）。在当时，这种所谓新学的思想，有同中国封建思想作斗争的革命作用，是替旧时期的中国资产阶级民主革命服务的。可是，因为中国资产阶级的无力和世界已经进入帝国主义时代，这种资产阶级思想只能上阵打几个回合，就被外国帝国主义的奴化思想和中国封建主义的复古思想的反动同盟所打退了，被这个思想上的反动同盟军稍稍一反攻，所谓新学，就偃旗息鼓，宣告退却，失了灵魂，而只剩下它的躯壳了。旧的资产阶级民主主义文化，在帝国主义时代，已经腐化，已经无力了，它的失败是必然的。”在“五四”以后，中国的新文化，是新民主主义性质的文化，属于世界无产阶级的社会主义的文化的一部分。由于中国无产阶级和中国共产党登上了政治舞台，中国产生了完全崭新的文化生力军，这就是中国共产党人所领导的共产主义的文化思想，即共产主义的宇宙观和社会革命论。这种新的文化生力军，向帝国主义的文化和封建文化展开了英勇的进攻。毛泽东在《新民主主义论》中进一步分析指出："在'五四'以前，中国的新文化运动，中国的文化革命，是资产阶级领导的，他们还有领导作用。在'五四'以后，这个阶级的文化思想却比较它的政治上的东西还要落后，就绝无领导作用，至多在革命时期在一定程度上充当一个盟员，至于盟长资格，就不得不落在无产阶级文化思想的肩上。这是铁一般的事实，谁也否认不了的。""所谓新民主主义的文化，一句话，就是无产阶级领导的人民大众的反帝反封建的文化。"这里所说的新民主主义的文化的性质，"既不是资产阶级的文化专制主义，也不是单纯的无产阶级的社会主义，而是以无产阶级社会主义文化思想为领导的人民大众反帝反封建主义的新民主主义。"

新民主主义文化与社会主义文化之间既有区别也有联系，对此，毛泽东在文中进一步分析指出："新民主主义的政治、经济、文化，由于其都是无产阶级领导的缘故，就都具有社会主义的因素，并且不是普通的因素，而是起决定作用的因素。但是就整个政治情况、整个经济情况和整个文化情况说来，却还不是社会主义的，而是新民主主义的。"由于现阶段革命的基本任务主要的还是反对外国帝国主义和本国封建主义，还不是以推翻资本主义为目标的社会主义革命，虽然在政治上、经济上有社会主义的因素，反映到国民文化上也有社会主义的因素，但就整个社会来说，现在还没有形成这种整个的社会主义的政治和经济，所以还不能有这种整个的社会主义的国民文化。现时整个新的国民文化的内容是无产阶级领导人民大众所进行的反帝反封建的文化革命，是新民主主义性质的。但由于现时的中国革命是世界无产阶级社会主义革命的一部分，所以现时的中国新文化也是世界无产阶级社会主义新文化的一部分，包含着社会主义文化的重大因素。现时中国革命不能离开无产阶级的领导，现时中国的新文化也不能离开无产阶级的领导，在文化上也不能离开中国无产阶级文化思想的领导，即不能离开共产主义思想的领导。所以，毛泽东指出：“在现时，毫无疑义，应该扩大共产主义思想的宣传，加紧马克思列宁主义的学习，没有这种宣传和学习，不但不能引导中国革命到将来的社会主义阶段上去，而且也不能指导现时的民主革命达到胜利。但是我们既应把对于共产主义的思想体系和社会制度的宣传，同对于新民主主义的行动纲领的实践区别开来；又应把作为观察问题、研究学问、处理工作、训练干部的共产主义的理论和方法，同作为整个国民文化的新民主主义的方针区别开来。把二者混为一谈，无疑是很不适当的。”

其次，毛泽东对进入新民主主义革命阶段后的文化革命的统一战线进行了分析，并将其分为四个时期。他指出，第一个时期是 1919 年五四运动到 1921 年中国共产党成立。这一时期的文化革命，以五四运动为标志。五四运动是广大的无产阶级、小资产阶级和资产阶级参加的彻底地、不妥协地反对帝国主义和封建主义的全国范围的革命运动。五四运动所进行的文化革命是彻底地反对封建文化的运动，自有中国历史以来，还没有过这样伟大而彻底的文化革命。五四运动还为中国共产党的成立作了思想上和干部上的准备，同时也为五卅运动和北伐战争作了准备。第二个时期是 1921 年到 1927 年，以中国共产党的成立和五卅运动、北伐战争为标志。这一时期文化革命的统一战线，继续发展了五四运动时三个阶级的统一战线，并吸引了农民阶级参加，在政治上形成了各阶级的统一战线，实现了第一次国共两党的合作，以联俄、联共、扶助农工的三大政策的革命的三民主义作为国共两党和各个革命阶级统一战线的政治基础。那时，以共产党的《向导周报》和国民党的上海《民国日报》及各地报纸为阵地，共同宣传反帝反封建的主张，在军队和广大农民群众中起到了广泛的革命号召作用，并取得了北伐的胜利。第三个时期是 1927 年至 1937 年的新的革命时期。这一时期，由于革命营垒发生变化，大资产阶级转到了帝国主义和封建势力的反革命营垒，民族资产阶级也附和了大资产阶级，使得革命统一战线剩下了无产阶级、农民阶级和其他小资产阶级。这一时期的斗争，在革命方面，是坚持了人民大众反帝反封建的新民主主义和新三民主义；在反革命方面，则是在帝国主义指挥下的地主阶级和大资产阶级联盟的专制主义。这种专制主义，在政治上，在文化上，腰斩了孙中山的三大政策，腰斩了革命的三民主义，造成了中华民族深重的灾难。中国共产党领导广大群众对反革命的军事围剿和文化围剿进行了坚决斗争，并取得了胜利，进一步提高了全国人民的觉悟。同时，反革命围剿也造成了日本帝国主义对中国的入侵，这也是全国人民痛恨这十年反共的原因。第四个时期是 1937 年开始的抗日战争时期。在革命文化的统一战线中，又实现了四个阶级的联合，而且范围更加广大。上层阶级包括了很多统治者，中层阶级包括了民族资产阶级和小资产阶级，下层阶级包括了一切无产者，全国各阶层都成了盟员，坚决地反抗日本帝国主义的侵略。这一时期的第一阶段，也就是在武汉失陷以前，全国各方面表现出欣欣向荣的抗战局面，政治上有民主化的趋势，文化上也有较普遍的动员。但在第二阶段，即武汉失陷以后，大资产阶级的一部分投降了敌人，另一部分也想早日结束抗战，妥协退让的倾向日益严重。在文化上，各种消极抗日、积极反共的反动言论广泛散播，“又把全国人民打入闷葫芦里了”。所以，为了克服这种危机，必须要同一切反抗战、反团结、反进步的思想进行坚决的斗争，这也是这个阶段文化工作上的重要任务。

再次，毛泽东在科学分析了现时中国国民文化性质和近 20 年来中国新文化所走过的历程的基础上，提出并深刻阐述了新民主主义的文化思想，这就是无产阶级领导下的、以共产主义思想为指导的人民大众的反帝反封建的文化，即民族的科学的大众的文化。

第一，毛泽东认为新民主主义的文化是民族的。因为它是反对帝国主义压迫、主张中华民族的尊严和独立的，是带有我们民族的特性的。它同一切别的民族的社会主义文化和新民主主义文化相联合，互相吸收，互相发展，共同形成世界的新文化。但决不能和帝国主义的反动文化相结合，我们的文化是革命的民族文化。中国应该大量吸收外国的进步文化作为自己文化食粮的原料，凡是我们今天用得着的东西，都应该吸收。但是在吸收的时候，必须"吸收其精华，排泄其糟粕"，绝不能生吞活剥地毫无批判地吸收。那种所谓"全盘西化"的主张是完全错误的观点。在对待马克思主义问题上，也是这样。毛泽东指出："必须将马克思主义的普遍真理和中国革命的具体实践完全地恰当地统一起来，就是说，和民族的特点相结合，经过一定的民族形式，才有用处，决不能主观地公式地应用它。公式的马克思主义者，只是对于马克思主义和中国革命开玩笑，在中国革命队伍中是没有他们的位置的。中国文化应有自己的形式，这就是民族形式。民族的形式，新民主主义的内容——这就是我们今天的新文化。"

第二，毛泽东认为新民主主义文化是科学的。因为它是反对一切封建思想和迷信思想，主张实事求是，主张客观真理，主张理论和实践相一致的。在这点上，它可以和中国还有进步性的资产阶级的唯物论者和自然科学家，建立反帝反封建反迷信的统一战线，但决不和任何反动的唯心论建立统一战线。共产党员可以和某些唯心论者甚至宗教徒建立政治行动上的反帝反封建的统一战线，但决不能赞同他们的唯心论和宗教教义。对于中国古代的文化，毛泽东认为要剔除其封建性的糟粕，吸收其民主性的精华，决不能无批判地兼收并蓄。必须将古代封建统治阶级的一切腐朽的东西和古代优秀的人民文化即多少带有民主性和革命性的东西区别开来。总之，"中国现时的新政治新经济是从古代的旧政治旧经济发展而来的，中国现时的新文化也是从古代的旧文化发展而来，因此，我们必须尊重自己的历史，决不能割断历史。但是这种尊重，是给历史以一定的科学的地位，是尊重历史的辩证法的发展，而不是颂古非今，不是赞扬任何封建的毒素”。

第三，毛泽东认为新民主主义的文化是大众的，因而是民主的。它应该为全民族百分之九十以上的工农劳苦民众服务，并逐渐成为他们的文化。毛泽东指出：“革命文化，对于人民大众，是革命的有力武器。革命文化，在革命前，是革命的思想准备；在革命中，是革命总战线中的一条必要和重要的战线。而革命的文化工作者，就是这个文化战线上的各级指挥员。”一切进步的文化工作者，在抗日战争中，都应有自己的文化军队，这个军队就是人民大众。革命的文化人如果不接近民众，就是“无兵司令”，他的火力就打不倒敌人。他提出要正确处理好普及与提高的关系，把教育革命干部的知识和教育革命大众的知识相互区别又相互联系起来。在传授知识的过程中，文字也必须在一定条件下加以改革，做到言语必须接近民众，通俗易懂，“须知民众就是革命文化的无限丰富的源泉”。1942年5月，在《在延安文艺座谈会上的讲话》中，毛泽东进一步阐述了这些观点。他指出：“为什么人的问题，是一个根本的问题，原则的问题。”[11] 新民主主义的文化是为人民大众服务的，最广大的人民，占全人口百分之九十以上的人民，是工人、农民、兵士和城市小资产阶级。我们的文艺工作者的思想感情要和工农兵大众的思想感情打成一片。要认真学习群众丰富生动的语言，联系群众，表现群众，只有代表群众才能教育群众，只有做群众的学生才能做群众的先生。要使新民主主义的文化深入到广大人民群众中间，就要正确处理好普及工作和提高工作之间的关系。他指出，人民要求普及，跟着也就要求提高。提高是在普及基础上的提高，为普及所决定；普及是在提高指导下的普及。普及工作不但不是妨碍提高，而且是给提高工作以基础，为广阔的提高工作准备必要的条件。总之，文化工作者要以人民大众的实践作为创作的源泉，始终坚持为人民大众服务的方向，用革命的文化武装广大人民群众，使之成为人民群众的有力思想武器。总之，“民族的科学的大众的文化，就是人民大众反帝反封建的文化，就是新民主主义的文化，就是中华民族的新文化。”

在系统阐述了新民主主义的政治、经济、文化思想后，毛泽东在《新民主主义论》中最后总结道：“新民主主义的政治、新民主主义的经济和新民主主义的文化相结合，这就是新民主主义共和国，这就是名副其实的中华民国，这就是我们要造成的新中国。”从而为新民主主义革命指明了具体的奋斗目标。

【本章注释】

[1]《马克思恩格斯选集》第 2 卷，人民出版社 1995 年版，第 32 页。

[2]《毛泽东文集》第 5 卷，人民出版社 1996 年版，第 135 页。

[3]《毛泽东选集》第 3 卷，人民出版社 1991 年版，第 1056 页。

[4]《毛泽东选集》第 3 卷，人民出版社 1991 年版，第 1057 页。

[5]《毛泽东选集》第 3 卷，人民出版社 1991 年版，第 1058 页。

[6]《毛泽东选集》第 3 卷，人民出版社 1991 年版，第 1060 页。

[7]《毛泽东选集》第 3 卷，人民出版社 1991 年版，第 1060 页—第 1061 页。

[8]《毛泽东选集》第 4 卷，人民出版社 1991 年版，第 1253 页。

[9]《毛泽东选集》第 4 卷，人民出版社 1991 年版，第 1430 页。

[10]《毛泽东选集》第 4 卷，人民出版社 1991 年版，第 1433 页。

[11]《毛泽东选集》第 3 卷，人民出版社 1991 年版，第 857 页。

第四章 《新民主主义论》有力驳斥了关于中国革命前途和指导思想的几种错误言论

毛泽东在《新民主主义论》一文中，依据时代特点和中国当时所处的国际国内的环境，驳斥了国民党顽固派的一系列错误观点和论调。

一 批驳了资产阶级专政论

对于中国革命胜利后，要建立一种什么样的国家，长期以来，中国的资产阶级一直企图在中国建立资产阶级专政的国家，走资本主义社会的道路。对于这个问题，在中国共产党内也存在着错误的认识。以陈独秀为代表的党内右倾机会主义者，鼓吹“二次革命论”，企图在民主革命和社会主义革命之间横插一个资产阶级专政的阶段。他们认为，中国无产阶级力量还比较弱小，农民阶级涣散，只有资产阶级才能担当起革命领导的重任，所以资产阶级民主革命只能由资产阶级来领导，无产阶级只有先帮助资产阶级夺得政权，完成资产阶级革命，等到资本主义充分发展以后才能进行无产阶级领导的社会主义革命。陈独秀在《中国国民革命与社会各阶级》一文中，曾指出：“在

新潮出版社 1949 年 5 月出版的《新民主主义论》

普通形势之下，国民革命的胜利，自然是资产阶级的胜利”，“工人阶级在革命中固然是重要分子，然亦只是重要分子而不是独立的革命势力”。“国民革命成功后，在普通形势之下，自然是资产阶级握得政权。”[1] 这种右倾错误思想，直接导致了第一次国民革命的失败。经历了大革命失败的沉痛教训，中国共产党虽然认识到了革命领导权的重要性，但是在革命发展阶段问题上的这种右倾错误思想，在党内仍然存在着一定的影响。加之国民党长期以来一直鼓吹实行资产阶级专政，这使得全国人民对于未来中国发展前途的认识更加模糊不清。为澄清这种模糊认识和错误倾向，毛泽东在《新民主主义论》中系统驳斥了资产阶级专政的谬论。他指出，无论国际环境还是国内环境都不容许中国走建立资产阶级专政的资本主义社会之路。

首先，是国际资本主义即帝国主义不容许。一部中国的近代史，就是帝国主义侵略中国，反对中国独立，反对中国发展资本主义的历史。历来中国革命所造成的失败，都是被帝国主义所绞杀的。现在日本帝国主义侵略中国，就是要把中国变成其殖民地，在中国发展它的资本主义，建立日本资产阶级在中国的专政，而不是发展中国的资本主义，建立中国资产阶级的专政。毛泽东指出，现在是帝国主义垂死挣扎的时期，为了维持其自身的生存发展，就更加依赖殖民地半殖民地过活，决不容许任何殖民地半殖民地建立什么资产阶级专政的资本主义社会。由于日本帝国主义陷入严重的经济危机和政治危机，它就一定要中国变成它的殖民地，这就断绝了中国建立资产阶级专政和发展民族资本主义的道路。

其次，是社会主义不容许。在这个世界上，所有帝国主义都是我们的敌人，中国要独立，决不能离开社会主义国家和国际无产阶级的援助。正如前面所述，第一次帝国主义世界大战和 1917 年俄国十月革命的胜利，改变了整个世界历史的方向，划分了世界历史的时代。中国的革命已处在资本主义的经济危机和政治危机日益严重、社会主义苏联日益强大，并有能力领导和援助全世界无产阶级和被压迫民族，反抗帝国主义战争，帮助被压迫民族和国家实现解放和独立的时候，中国的革命已经成为无产阶级社会主义世界革命的一部分。因而，中国的独立和解放，决不能离开苏联的帮助和各资本主义国家中无产阶级反资本主义斗争的援助。毛泽东指出："现在的世界，是处在革命和战争的新时代，是资本主义决然死灭和社会主义决然兴盛的时代。在这种情形下，要在中国反帝反封建胜利之后，再建立资产阶级专政的资本主义社会，岂非是完全的梦呓？"在《新民主主义论》中，毛泽东以土耳其为例，说明其由于特殊条件，在第一次帝国主义世界大战和俄国十月革命后，曾建立了一个基马尔式的小小的资产阶级专政。但是，在现今第二次世界大战和苏联已经完成社会主义建设之后，就决不会再容许出现一个四亿五千万人口的土耳其。由于中国资产阶级的软弱性、妥协性和无产阶级的强大及其革命的彻底性，所以在中国从来没有过像土耳其那样便宜的事情。资产阶级分子所鼓吹的基马尔主义，在中国是不可能实现的。

再次，从国内环境来说，广大人民群众不容许。中国革命离开无产阶级、农民阶级和其他小资产阶级的力量，不可能取得胜利。那种破坏、分裂统一战线，在革命胜利后踢开人民大众，建立资产阶级专政的企图，必然会遭到广大人民群众的反对。毛泽东以历史事实为依据，指出中国资产阶级应该获得了必要的教训。中国的资产阶级，以大资产阶级为首，在1927年革命刚刚胜利之际，就一脚踢开了人民大众，独占革命果实，并和帝国主义及封建势力结成了反革命联盟。之后进行了10年的"剿共"战争，然而并没有"剿"出资产阶级专政的资本主义社会，却"剿"出了一个"一党专政"，其实质仍然是半殖民地半封建的专政，同时把日本帝国主义也"剿"进中国来。到了抗战时期，国民党顽固派仍然进行着"剿共"事业，以汪精卫为代表的国民党亲日派分子，公然投降日本帝国主义，并全力进行剿共、分裂统一战线的活动。以蒋介石为代表的资产阶级顽固派，虽然还在坚持抗日，但其妥协动摇倾向日益严重，转而采取一系列手段和措施，“限共”、“溶共”和“反共”，企图抗战胜利后，实行其一党专政。对于这种反共分裂活动，毛泽东奉劝资产阶级顽固派，吸取历史上的教训，团结所有愿意抗日到底的阶级、阶层、政党、政团以及个人，坚持统一战线，实行长期合作。他指出：“离了工人、农民和其他小资产阶级，你就不能走动一步。谁还敢于去踢他们，谁就要变为粉碎，这又岂非成了常识范围里的东西了吗？”投降分裂倒退没有出路，更不会导致建立资产阶级专政的资本主义社会。

毛泽东的论述有力地驳斥了国民党顽固派企图在中国推行“一党专政”，建立资产阶级专政的错误观点，进一步澄清了党内和人民群众中的错误认识，坚决肃清了这种错误倾向的不良影响。

二 | 批驳了“一次革命论”的观点

在革命发展的阶段问题上，除了“二次革命论”的错误主张之外，还存在着“一次革命论”的错误论调。而这种“一次革命论”又分为“左”和右两种。毛泽东在《新民主主义论》中分别对这两种“一次革命论”给予了驳斥。

所谓右的“一次革命论”，是国民党顽固派及其追随者所鼓吹的反动理论。他们故意混淆民主革命和社会主义革命两个不同的革命阶段，企图将什么革命都包括在三民主义里面，认为共产主义失去了存在的理由。他们用这种理论，反对共产党和共产主义，反对共产党所领导的八路军、新四军和陕甘宁边区。其目的是要根本消灭任何革命，反对彻底的资产阶级民主革命，分裂抗日民族统一战线，为投降日本帝国主义作舆论上的准备。毛泽东在文中进一步分析了造成这种情形的原因。他指出，抗战进入相持阶段以后，日本帝国主义除了军事进攻以外，开始着手政治进攻和经济引诱。在政治进攻方面，就是诱惑动摇分子，破坏国共合作的抗日统一战线。经济引诱方面，通过合办实业，允许中国资本家占有一定比例份额，并允许将中国资本家的原有产业发还给他们，可以充作资本。这样，一些资本家就开始见利忘义，跑去投降日本帝国主义。还在统一战线里的资本家也想跑到敌人的阵营里，但为了防止共产党的阻碍，也怕背上汉奸的骂名，所以，他们联合一些反动文人，极力主张什么“一次革命论”，并向广大人民散布共产主义不适合中国国情，共产党在中国没有存在的必要，并对共产党进行恶毒污蔑，为其投降作思想准备和舆论准备。

所谓“左”的“一次革命论”，主要是中国共产党内一部分具有“左”倾错误思想的人所主张的“左”倾冒险主义理论，也是针对“二次革命论”所提出的。由于党内右倾机会主义的错误，导致大革命的失败。大革命失败后，面对国民党反动派对中国共产党人的血腥屠杀，中国共产党内“左”倾情绪日益高涨，对国民党更加仇视，在批判右倾机会主义者所主张的“二次革命论”的同时，走向了另一极端，即极力主张“举政治革命与社会革命毕其功于一役”的“一次革命论”。1927 年 2 月，瞿秋白在谈到对中国革命的看法时，曾指出 :“中国的国民革命当然不仅得着世界社会革命的‘辅助’，并且自己也带着社会主义革命的性质了。因此，中国革命既以农地革命为中枢，又系反帝国主义的强有力的军队，自然应当从国民革命生长而成社会革命——就是‘一次革命’直达社会主义，‘从民权主义到社会主义’！可见中国现时的革命，既是资产阶级的，又不是资产阶级的，既不是社会主义的，又的确是社会主义的，这‘一次革命’的胜利终竟是社会主义的。”[2] 大革命失败以后，在中国共产党召开的八七会议上，断定“反对封建制度的资产阶级民权革命之完成（土地革命亦在其内），尤其是反帝国主义斗争的完成，必须实现于反对已成反革命的资产阶级之斗争之中”[3]。1927 年 11 月 16 日，瞿秋白在《中国革命是什么样的革命？》一文中，又进一步指出：“中国革命是由民权主义到社会主义的无间断的革命，中国革命恰好是马克思主义所称为由民权主义生长而成社会主义的最明显的实行。中国革命根本上不能在民权主义的阶段上再成一个段落，像法国大革命似的；中国只有一个革命：中国革命除非不胜利，要胜利便是工人阶级领导农民武装暴动获得政权开辟社会主义道路的革命。”[4] 1930 年 5 月，李立三在《新的革命高潮前面的诸问题》一文中，也认为：“民主革命是反对帝国主义与封建势力，同时也必须反对资产阶级。民主革命的彻底胜利与推翻资产阶级的统治不可分离，而且必然是无产阶级领导的巩固与苏维埃政权建立的胜利。这就决定民主革命的胜利必然要转变为社会主义的胜利。”[5] 他认为，革命的政府“为着力争全国革命的胜利，不只是要没收土地，没收帝国主义的银行企业工厂，使民主革命干到彻底而且要没收中国资产阶级的工厂企业银行以削除资产阶级反革命的武器；并且为着对付严重的经济封锁必然要实行组织生产，管理生产。同时在政治上，为着对付这样顽强的反革命的进攻，必然需要更集中独裁的政权，这就必然需要从工农专政进到无产阶级的专政。政治上是无产阶级专政，经济上没收资本家的工厂企业和银行，由革命政

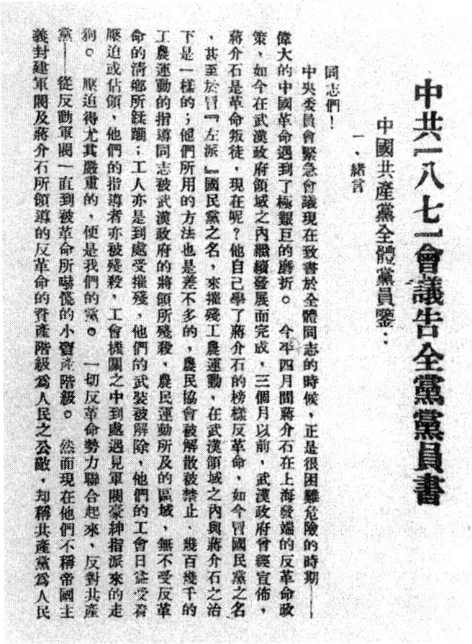

中共「八七」會議告全黨黨員書

中國共產黨全體黨員鑒：

一、緒言

同志們！

中央委員會緊急會議現在致書於全體同志的時候，正是很困難危險的時期——偉大的中國革命遇到了極艱巨的磨折。 今年四月間蔣介石在上海發端的反革命政策，如今在武漢政府領域之內繼續發展而完成，三個月以前，武漢政府曾經宣佈，蔣介石是革命叛徒，現在呢？他自己學了蔣介石的榜樣反革命，如今冒國民黨之名，甚至於冒『左派』國民黨之名，來摧殘工農運動，在武漢領域之內與蔣介石之治下是一樣的；他們所用的方法也是差不多的，農民協會被解散被禁止，幾百幾千的工農運動的指導同志被武漢政府的將領所殘殺，農民運動所及的區域，無不受反革命的清鄉所蹂躪；工人亦是到處受摧殘，他們的武裝被解除，他們的工會日益受脅壓迫或佔領，他們的指導者亦被殘殺，工會機關之中到處遇見軍閥豪紳指派來的走狗。 壓迫得尤其嚴重的，便是我們的黨。 一切反革命勢力聯合起來，反對共產黨——從反動軍閥一直到被革命所嚇慌的小資產階級。 然而現在他們不稱帝國主義封建軍閥及蔣介石所領導的反革命的資產階級為人民之公敵，却稱共產黨為人民

八七会议发表的告全党党员书

府来组织生产管理生产，这就是社会主义的性质了。所以革命胜利的开始，革命政权建立的开始就是革命转变的开始，中间决不会有丝毫的间隔”[6]。此后，在1931年2月出版的题为《两条路线底斗争》的小册子中，王明不仅重复原来的要在民主革命时期反资产阶级、反资本主义的主张，而且把这种主张加以理论化。他认为：“现在阶段革命之所以还成为资产阶级民主性，是因为工人阶级反对资本主义的斗争，在经济制度上社会发展上及社会矛盾力量对比上的比重和地位，还次于民族解放及土地革命的地位和比重。”[7]错误的理论必然导致错误的行动。这一时期的错误行为表现在：没收地主一切土地；消灭富农；剥夺小资产阶级并强迫其革命；剥夺地主、富农、资本家和一切有剥削行为的人的选举权；等等。特别是以王明为代表的“左”倾教条主义者，不仅对民族资产阶级“只讲斗争，不讲联合”，而且也打击小资产阶级，制定了一系列“左”的土地、工商、税收、劳动等政策，这就排斥了大批本来可以团结或联合的力量，孤立了自己，错失了有利的革命时机，导致蓬勃发展的革命形势一度遭受了严重挫折。

主张这种观点的人，不懂得马克思主义的不断革命论和革命发展阶段论，不知道革命有阶段之分，只能由一个革命发展到另一个革命，他们混淆革命的步骤，把只能在另一时间完成的社会主义的任务合并在民主主义任务上面去完成，这就降低了对于当前任务的努力，必然会造成政治上的盲动主义、组织上的关门主义和军事上的冒险主义，对革命危害极大。毛泽东称这种观点是纯主观的空想，是为真正的搞革命者所不取的。他指出：“中国现在的革命任务是反帝反封建的任务，这个任务没有完成以前，社会主义是谈不到的。中国革命不能不做两步走，第一步是新民主主义，第二步才是社会主义。而且第一步的时间是相当地长，决不是一朝一夕所能成就的。我们不是空想家，我们不能离开当前的实际条件。”

三 批驳了国民党顽固派的“一个主义”思想，科学分析了共产主义和三民主义、旧三民主义和新三民主义的异同

国民党顽固派不但企图推行其一党专政，在指导思想上也狂妄叫嚣“一个主义”的资产阶级专制主义。对此，毛泽东给予了有力批驳，并着重阐述了共产主义和三民主义、旧三民主义和新三民主义的异同。

（一）共产主义与三民主义之比较

三民主义是国共合作和抗日统一战线的政治基础。1937 年 9 月 12 日发表的《中共中央为公布国共合作宣言》中，进一步强调：“三民主义为中国今日之必需，本党愿为其彻底实现而奋斗。”[8] 正因为如此，国民党顽固派分子开始鼓吹“一个主义”，认为既然共产党愿意为三民主义的实现而奋斗，那么就不应再以共产主义为指导，所有革命都包举在三民主义里面了，共产党应该收起“共产主义”。面对国民党顽固派的反共叫嚣，毛泽东系统阐明了共产主义与三民主义的关系，驳斥了国民党顽固派毫无常识的论调。

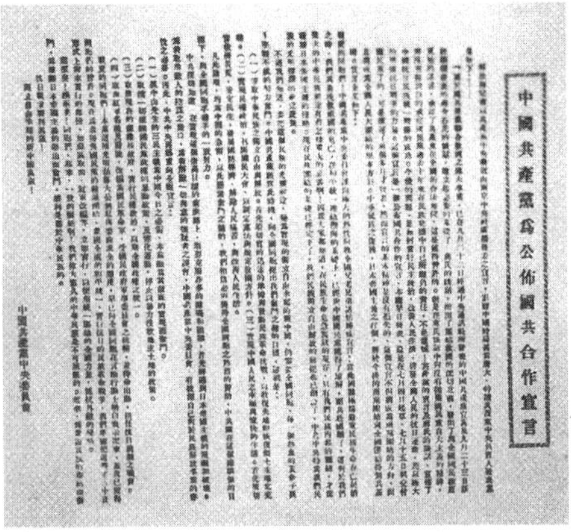
中國共產黨為公佈國共合作宣言

中共中央为公布国共合作宣言

首先，毛泽东从人类历史发展的趋势角度，说明了坚持并实现共产主义的必然性。他指出：“共产主义是无产阶级的整个思想体

系，同时又是一种新的社会制度。这种思想体系和社会制度，是区别于任何别的思想体系和任何别的社会制度的，是自有人类历史以来，最完全最进步最革命最合理的。”从人类历史的发展趋势来看，其他主义的思想体系和社会制度都日益奄奄一息，唯有共产主义的思想体系和社会制度日益显现出其勃勃生机和活力。在中国，自有科学的共产主义以来，中国的革命面貌焕然一新。“中国的民主革命，没有共产主义去指导是决不能成功的，更不必说革命的后一阶段了。”所以，共产主义收起不得。“一收起，中国就会亡国。现在的世界，依靠共产主义做救星；现在的中国，也正是这样。”

其次，毛泽东进一步强调了中国共产党关于社会制度的主张是由最低纲领和最高纲领两部分组成的。“在现在，新民主主义，在将来，社会主义，这是有机构成的两部分，而为整个共产主义思想体系所指导的。”中国共产党之所以承认“三民主义为抗日统一战线的政治基础”，并愿意为其彻底实现而奋斗，正是因为三民主义的政治原则与中国共产党的最低纲领基本上有相同之点。这也是共产主义和三民主义在民主革命阶段上能够结成统一战线的根本原因。所以，因为共产党的最低纲领和三民主义的政治原则基本相同，就狂妄叫嚣“收起”共产主义，是十分荒谬的，其实质就是要推行顽固派的一党主义，破坏国共合作的抗日民族统一战线。此外，毛泽东还指出，在阶级存在的条件下，有多少阶级就有多少主义，甚至一个阶级的不同集团中还有各自的主义。所以，无产阶级也可以有自己的共产主义，“一个主义”的反民权主义的做法，是行不通的。

再次，毛泽东系统分析了共产主义和三民主义的异同之处。二者的相同之处表现在，这两个主义在中国资产阶级民主革命阶段上的纲领基本相同。他指出，1924 年经孙中山重新解释的三民主义中的革命的民族主义、民权主义和民生主义三个政治原则，同共产主义在中国民主革命阶段的政纲，基本上是相同的。正是由于这些相同，才有了两个主义两个党的统一战线。二者的不同之处主要表现在：（1）民主革命阶段上一部分纲领的不相同。共产主义的全部民主革命纲领中有彻底实现人民权力、八小时工作制和彻底的土地革命纲领，三民主义没有这部分内容。（2）有无社会主义革命阶段的不同。共产主义除民主革命阶段以外，还有一个社会主义革命的阶段，除最低纲领之外，还有一个实现社会主义和共产主义社会制度的最高纲领。三民主义只有民主革命阶段和最低纲领，没有社会主义革命阶段和建立社会主义、共产主义社会制度的最高纲领。（3）宇宙观的不同。共产主义的宇宙观是辩证唯物论和历史唯物论，三民主义的宇宙观是所谓的民生史观，实质上是二元论或唯心论，二者是相反的。（4）革命的彻底性不同。共产主义者是理论和实践一致的，即有革命的彻底性。三民主义者除了那些最忠实于革命和真理的人民以外，是理论和实践不一致的，言行不一，即没有革命的彻底性。综上所述，共产主义和三民主义既有统一的方面，也有明显的差别，忽视这种差别，无疑是非常错误的。

（二）旧三民主义与新三民主义之比较

在分析了共产主义与三民主义的异同的基础上，毛泽东指出，作为抗日民族统一战线的政治基础，并为中国今日所必需，中国共产党愿为之彻底实现而奋斗的三民主义，不是任何别的三民主义，而是新三民主义。这种新三民主义，是孙中山先生在《中国国民党第一次全国代表大会宣言》里所重新解释的三民主义。孙中山指出，“民族主义，有两方面之意义：一则中国民族自求解放；二则中国境内各民族一律平等”；民权主义，非“为资产阶级所专有，适成为压迫平民

国民党一大会址

之工具”，而“为一般平民所共有，非少数者所得而私也”；民生主义，其原则“一曰平均地权；二曰节制资本”[9]。这篇宣言，划分了新旧三民主义的两个历史时代。在这以前，三民主义是旧范畴的三民主义，是旧的半殖民地资产阶级民主革命的三民主义，是旧民主主义的三民主义。而在这以后，三民主义是新范畴的三民主义，是新的半殖民地资产阶级民主革命的三民主义，是新民主主义的三民主义。只有这种三民主义，才是新时期的革命的三民主义。毛泽东指出：“这种新时期的革命的三民主义，新三民主义或者真三民主义，是联俄、联共、扶助农工的三民主义。没有三大政策，或三大政策缺一，在新时期，就都是伪三民主义，或半三民主义。”

在《新民主主义论》中，毛泽东进一步阐释了中国共产党所承认的三民主义：第一，革命的三民主义，新三民主义，或真三民主义，必须是联俄的三民主义。中国现时的社会性质以及中国革命所处的世界历史的时代，决定了中国革命要想取得胜利，必须要取得苏联的帮助。如果没有联俄政策，不同社会主义国家联合，就必然是联帝政策，必然同帝国主义联合。第二，革命的三民主义，新三民主义，或真三民主义，必须是联共的三民主义。在日本帝国主义深入中国国土之时，中国共产党积极主张抗日，如果采取反共政策，广大人民群众是决不容许的。过去的历史已经证明，反共是反不了的。所以，毛泽东指出：“今日的三民主义，必须是联共的三民主义，否则，三民主义就要灭亡。”“联共则三民主义存，反共则三民主义亡。”第三，革命的三民主义，新三民主义，或真三民主义，必须是农工政策的三民主义。毛泽东指出，中国有百分之八十的人口是农民。因此，农民问题就成了中国革命的基本问题，农民的力量，是中国革命的主要力量。中国的革命实质上是农民革命，现在的抗日，实质上是农民的抗日。新三民主义，真三民主义，实质上就是农民革命主义。除农民之外，中国还有数百万的产业工人。他们是中国革命的领导者，他们最富有革命性，没有近代工业工人阶级，中国革命就不能胜利。在这种情形下，革命的三民主义，新三民主义，或真三民主义，必然是“唤起民众”的农工政策的三民主义。

在分析了新三民主义的几大特点之后，毛泽东指出：“这种三大政策的三民主义，革命的三民主义，新三民主义，真三民主义，是新民主主义的三民主义，是旧三民主义的发展，是孙中山先生的大功劳，是在中国革命作为社会主义世界革命一部分的时代产生的。只有这种三民主义，中国共产党才称之为‘中国今日之必需’，才宣布‘愿为其彻底实现而奋斗’。只有这种三民主义，才和中国共产党在民主革命阶段中的政纲，即其最低纲领，基本上相同。”而之前的旧三民主义，是过时了的三民主义。它是旧时期历史特点的产物，由于当时的俄国还是帝国主义的国家，那时中国国内也还没有共产党，那时的工农运动也没有充分显现出其重要性，所以当时还无法提出联俄、联共、联合农工的政策。但是，如果已经到了新的历史时期，在有了社会主义国家以后，还要反对联俄；在有了共产党之后，还要反对联共；在工农日益觉悟并日益显示其政治威力的时候，还要反对农工政策。那么，它就是反动的三民主义。它不但和共产主义的最低纲领没有丝毫相同之处，而且是共产主义的敌人了。所以，毛泽东告诫国民党顽固派，只有把这种过时了的三民主义发展到新三民主义，国民党才能前进。他强调，“无论如何，在反帝反封建的任务没有基本上完成以前，新三民主义是不会被一切有良心的人们放弃的”，“我们共产党人将始终和一切真诚的三民主义者实行长期合作”。

【本章注释】

[1]《中共中央文件选集》第1册，中共中央党校出版社1989年版，第599页、第603页。

[2]《瞿秋白文集》(政治理论编)第4卷，人民出版社1993年版，第483页—第484页。

[3]《中共中央文件选集》第3册，中共中央党校出版社1989年版，第258页。

[4]《瞿秋白文集》(政治理论编)第5卷，人民出版社1995年版，第79页。

[5]《中共中央文件选集》第6册，中共中央党校出版社1989年版，第580页。

[6]《中共中央文件选集》第6册，中共中央党校出版社1989年版，第580页。

[7]《中共中央文件选集》第7册，中共中央党校出版社1991年版，第604页。

[8]《周恩来选集》上卷，人民出版社1984年版，第77页。

[9]《孙中山选集》，人民出版社1981年版，第591页—第593页。

第五章 《新民主主义论》的意义

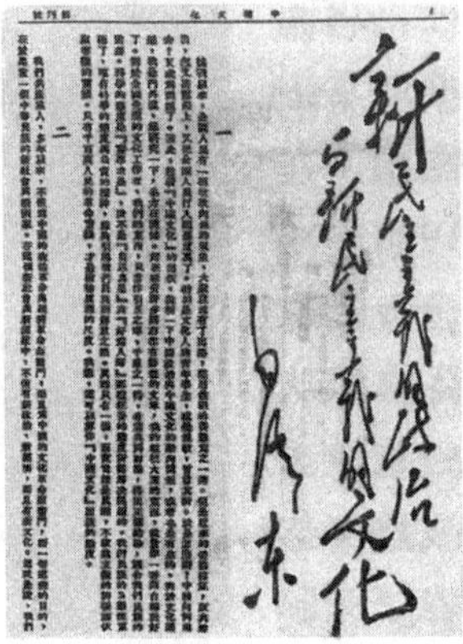

《新民主主义论》

《共产党人》发刊号

《中国革命与中国共产党》

《新民主主义论》是新民主主义革命的纲领性文献。它同《〈共产党人〉发刊词》、《中国革命和中国共产党》等著作一起，构筑了新民主主义革命的理论体系，是以毛泽东为代表的中国共产党人创造性地把马克思列宁主义普遍原理与中国革命的具体实践相结合的典范，是毛泽东思想成熟的重要标志之一。

一 《新民主主义论》的理论意义

（一）丰富发展了马克思列宁主义关于民族殖民地问题的学说

《新民主主义论》是马克思列宁主义关于民族殖民地的学说在中国的具体运用和发展。在《新民主主义论》中，毛泽东把马克思列宁主义关于殖民地、半殖民地的理论与中国具体实际相结合，系统阐述了新民主主义革命理论，丰富和发展了马克思列宁主义理论宝库。

第一，毛泽东关于中国革命所处的时代特点的论述，丰富和发展了列宁、斯大林关于帝国主义时代，殖民地半殖民地国家民族民主革命性质的理论。列宁、斯大林认为，在资本主义发展到帝国主义阶段后，国际形势发生了根本的改变。帝国主义世界大战和俄国十月革命，开辟了一个新的时代，即国际无产阶级革命的时代。它已经把殖民地、半殖民地国家的民族问题从资产阶级民主革命的一部分变成了无产阶级社会主义革命的一部分了。帝国主义战争和俄国革命已经证实："民族问题只有和无产阶级革命相联系并在无产阶级革命的基础上才能得到解决，西方革命必须同殖民地和附属国反帝解放运动结成革命的联盟才能取得胜利。民族问题是无产阶级革命总问题的一部分，是无产阶级专政问题的一部分。"[1] 因此，"社会革命只能在各先进国无产阶级为反对资产阶级而进行的国内战争已经同不发达的、落后的和被压迫的民族所掀起的一系列民主革命运动（其中包括民族解放运动）联合起来的时代中进行"[2]。

正是根据列宁、斯大林的这一理论，中国共产党在第一次大革命时期，提出了"中国革命是世界革命的一部分"的命题。毛泽东在《新民主主义论》一文中，又进一步对中国革命与世界革命的关系问题进行了阐述，明确提出了"两种世界革命"的思想。他在科学分析了世界历史时代的基础上，划分了两种世界革命，即旧的世界资产阶级民主主义革命和新的无产阶级社会主义世界革命。他指出，"中国革命是世界革命的一部分"这一命题中所说的"世界革命的一部分"，已经不再是旧的资产阶级和资本主义的世界革命的一部分，而是新的无产阶级社会主义世界革命的一部分了。毛泽东对两种世界革命的划分，进一步发展了列宁、斯大林关于进入帝国主义时代后，殖民地、半殖民地革命已脱离了旧范畴，变为无产阶级社会主义革命的一部分的理论。同时，毛泽东对中国革命与世界革命关系问题的深入阐述，准确判断了中国革命所处的世界历史时代的方位，为中国革命指明了正确的发展方向。

第二，毛泽东关于中国革命历史特点的分析，丰富和发展了马克思列宁主义关于不断革命论和革命发展阶段论相统一的思想。马

《共产党宣言》第一个中译本

克思、恩格斯认为，无产阶级在实现共产主义的革命中，需经过既相互区别又相互联系的不同革命阶段。尤其是落后国家的无产阶级应当首先积极参加反对本国封建统治的资产阶级民主革命，待到革命胜利，资产阶级取得统治权以后，应立即开始反对资产阶级的斗争，不停顿地将革命推到更高发展阶段，要进行“不断革命”，最终建立起无产阶级的统治，直至实现共产主义。这一思想，在 1848 年《共产党宣言》中就已经提出来，认为“共产党人为工人阶级的最近的目的和利益而斗争，但是他们在当前的运动中同时代表运动的未来”[3]。在 1850 年马克思、恩格斯所写的《共产主义者同盟中央委员会告同盟书》中，明确指出，无产阶级的任务是“要不断革命，直到把一切大大小小的有产阶级的统治全都消灭，直到无产阶级夺得国家政权”[4]。列宁把马克思主义关于不断革命的思想创造性地应用于俄国革命实践，明确区分了俄国民主革命和社会主义革命两个不同性质的历史阶段。他指出，在现代俄国，构成革命内容的是两种不同性质的社会战争，“一种是在目前的专制农奴制度内部发生的，另一种是在未来的、正在我们面前诞生的资产阶级民主制度内部发生的。一种是全体人民争取自由（争取资产阶级社会的自由）、争取民主，即争取人民专制的斗争，另一种则是无产阶级为争取社会主义社会制度而同资产阶级进行的阶级斗争”[5]。他把民族革命和社会主义革命视为一根链条上的两个环节，认为混淆民主革命和社会主义革命是荒谬的，民主革命的彻底胜利将为无产阶级争取社会主义的斗争扫清道路。他要求社会民主党人在为民主革命的胜利斗争的时候，一分钟也不要忘记社会主义革命的目标，不要忘记为争取社会主义而必然同资产阶级、小资产阶级进行阶级斗争。他在《社会民主党对农民的态度》一文中明确指出："我们将立刻由民主革命开始向社会主义革命过渡，并且正是按照我们的力量，按照有觉悟有组织的无产阶级的力量开始向社会主义革命过渡。我们主张不断革命。我们决不半途而废。"[6]

毛泽东在领导中国革命的过程中，坚持了马克思列宁主义不断革命论和革命发展阶段论相统一的理论，并给予了创造性地运用和发展。他驳斥了在中国革命阶段问题上存在的"左"的和右的两种错误观点，正确阐明了中国革命的历史特点。在对待中国革命阶段的问题上，中国共产党内曾出现教条对待马克思列宁主义的不断革命论和革命历史阶段论的错误做法，从而产生了"一次革命论"和"二次革命论"的"左"和右的两种不同的错误认识。"一次革命论"者否定革命发展存在着不同性质的两个阶段，主张"毕其功于一役"，其实质是否定了马克思列宁主义的革命发展阶段论。"二次革命论"者将民主革命与社会主义革命截然分开，中间横插一个资产阶级专政，看不到民主革命将转变为社会主义革命的可能与前途，其实质是要将革命停顿下来，从而否定了马克思主义的不断革命论思想。毛泽东坚持了不断革命论和革命发展阶段论相统一的原理，在《新民主主义论》中，明确提出了中国革命的历史进程分为民主主义革命和社会主义革命两步走，并进一步指明这个第一阶段的民主主义革命已经不是旧的、被资产阶级领导的、以建立资本主义社会和资产阶级专政的国家为目的旧民主主义革命，而是新的、被无产阶级领导的、以建立新民主主义社会和国家，为社会主义的发展扫清道路的新民主主义的革命。同时，他还系统阐述了两个革命阶段的区别与联系。他认为，两个革命阶段有着不同的革命任务，在民主革命的任务没有完成以前，社会主义是谈不到的。这革命第一步的时间是相当长的，绝不是一朝一夕就能完成的。另一方面，两个革命阶段必须衔接，在民主革命胜利后，将革命发展到第二阶段，以建立社会主义的社会。毛泽东对中国革命两个发展阶段相互关系的阐述，丰富和发展了马克思主义理论宝库，同时也正确指明了中国革命的历史进程。

第三，毛泽东关于无产阶级在中国民主革命中的领导权和统一战线问题的阐述，丰富和发展了马克思列宁主义无产阶级领导权思想和统一战线理论。面对 19 世纪 40 年代，欧洲各国所爆发的资产阶级民主革命，马克思、恩格斯教导无产阶级要关心革命并加入其中，同时在革命中保持组织的独立性，不受资产阶级的影响。1850 年，他们在起草的《共产主义者同盟中央委员会告同盟书》中，告诫无产阶级“不应再度降低自己的地位，去充当资产阶级民主派的随声附和的合唱队，而应该谋求在正式的民主派旁边建立一个秘密的和公开的独立工人政党组织”，“无产阶级的立场和利益问题应该能够进行独立讨论而不受资产阶级影响”[7]。由于当时无产阶级的力量比较弱小，还没有很高的觉悟程度和组织程度，因此还不能提出无产阶级革命的领导权问题。在无产阶级同其他参加革命的阶级、社会力量间的关系问题上，马克思、恩格斯提出无产阶级要争取同盟军，与其他革命阶级和力量结成统一战线的思想。恩格斯在《1847 年的运动》一文中，首次明确提出了建立工农联盟的思想。他指出：“毫无疑问，总有一天贫困破产的农民会和无产阶级联合起来，到那时无产阶级会发展到更高的阶段，向资产阶级宣战。”[8] 马克思在《路易·波拿巴雾月十八日》一文中进一步指出，只有实现工农的联盟，“无产阶级革命就会形成一种合唱，若没有这种合唱，它在一切农民国度中的独唱是不免要变成孤鸿哀鸣的”[9]。同时，马克思和恩格斯也看到了无产阶级政党在一定条件下联合资产阶级民主派的必要性。他们在《共产党宣言》中指出：“在德国，只要资产阶级采取革命的行动，共产党就同它一起去反对专制君主制、封建土地所有制和小资产阶级。”“总之，共产党人到处都支持一切反对现存的社会制度和政治制度的革命运动。”“最后，共产党人到处都努力争取全世界民主政党之间的团结和协调。”[10] 列宁进一步发展了马克思、恩格斯的思想，首次提出了无产阶级对民主革命的领导权的理论。他在《社会民主党在民主革命的两种策略》一书中，指出：“马克思主义教导无产者不要避开资产阶级革命，不要对资产阶级革命漠不关心，不要把革命中的领导权交给资产阶级，相反地，要尽最大的努力参加革命，最坚决地为彻底的无产阶级民主主义、为把革命进行到底而奋斗。”[11] 他认为：“只有联合起来的无产阶级才能领导各民族劳动群众中一切彻底民主主义的、能够进行革命斗争的人前进。”[12] 同时，列宁还进一步分析了无产阶级能够掌握民主革命的领导权的原因，认为，只有无产阶级才具有彻底的革命性，因为它要走的路程远远超过民主革命。同时，无产阶级团结成为一个具有严格的阶级性的政党，使其比其他阶级更具有了稳定性。在无产阶级取得革命的领导权以后，列宁也十分强调争取同盟军的问题。他指出：“要战胜更强大的敌人，就必须尽最大的努力，同时必须极仔细、极留心、极谨慎、极巧妙地一方面利用敌人之间的一切‘裂痕’，哪怕是最小的‘裂痕’，利用各国资产阶级之间以及各个国家内资产阶级各个集团或各种类别之间利益上的一切对立，另一方面要利用一切机会，哪怕是极小的机会，来获得大量的同盟者，尽管这些同盟者可能是暂时的、动摇的、不稳定的、不可靠的、有条件的。……以上所说的一切，对于无产阶级夺取政权以前和以后的时期，都是同样适用的。”[13] 他十分注重工农联盟的问题，认为：“无产阶级在资产阶级民主革命中的作用是领袖的作用，为了把这场革命进行到底，无产阶级必须和农民共同行动。”[14] “只有农民群众加入无产阶级的革命斗争，无产阶级才能成为战无不胜的民主战士。”[15]

认为“在一切资产阶级大革命中，无产阶级（比较成熟的）只是同农民结成联盟才取得了决定性的胜利”[16]，“这个最根本最本质的问题就是工人阶级同农民的关系，就是工人阶级同农民的联盟”[17]。

毛泽东继承了马克思、列宁主义关于无产阶级领导权思想和统一战线理论，结合中国历史和社会状况，详尽阐明了在半殖民地半封建社会的中国无产阶级对于民主革命的领导权问题。在《新民主主义论》中，他在分析了中国革命的历史阶段和五四运动以后中国国内阶级关系的变化以后，明确指出："在中国，事情非常明白，谁能领导人民推翻帝国主义和封建势力，谁就能取得人民的信仰，因为人民的死敌是帝国主义和封建势力、而特别是帝国主义的缘故。在今日，谁能领导人民驱逐日本帝国主义，并实施民主政治，谁就是人民的救星。历史已经证明：中国资产阶级是不能尽此责任的，这个责任就不得不落在无产阶级的肩上了。”中国无产阶级连同农民、知识分子和其他小资产阶级，是决定国家命运的基本势力。此外，由于中国民族资产阶级在一定时期还具有一定程度的革命性，无产阶级也应当同他们建立反对帝国主义和封建主义的统一战线。毛泽东对于无产阶级领导权和革命统一战线的论述，继承和发展了马克思列宁主义的思想，正确解决了在帝国主义和无产阶级革命时代，在半殖民地半封建的中国进行革命的领导及动力问题。

第四，毛泽东关于半殖民地半封建的中国经由新民主主义共和国过渡到社会主义的思想，丰富和发展了马克思列宁主义关于过渡时期和国家形态的理论。由资本主义向共产主义的过渡，是马克思、恩格斯十分关注的一个问题。马克思在 1875 年的《哥达纲领批判》中，明确阐述了过渡时期的理论。在这部著作中，他把未来的共产主义社会划分为共产主义社会第一阶段和高级阶段，并指出："我们这里所说的是这样的共产主义社会，它不是在它自身基础上已经发展了的，恰好相反，是刚刚从资产主义社会中产生出来的。”[18] 同时，他还说道："在资本主义社会和共产主义社会之间，有一个从前者变为后者的革命转变时期。同这个时期相适应的也有一个政治上的过渡时期，这个时期的国家只能是无产阶级的革命专政。"[19] 这里所讲的从资本主义社会向共产主义社会的过渡，实际上指的是向共产主义社会的第一阶段的过渡。在对东方国家未来革命发展道路问题的认识上，晚年的马克思、恩格斯改变了过去所认为的必须经过资本主义发展到社会主义的看法，认为俄国等经济文化落后的东方国家，可以借鉴和吸收资本主义的一切积极的成果，从而跨越资本主义的"卡夫丁峡谷"而直接走向社会主义。列宁进一步发展了马克思、恩格斯的思想。他在 1919 年 10 月为纪念苏维埃政权成立两周年所写的《无产阶级专政时代的经济和政治》一文中，根据马克思主义关于过渡时期的理论，并结合俄国革命胜利后的实际，系统论述了由资本主义向共产主义过渡的问题。他指出："在资本主义和共产主义之间有一个过渡时期，这在理论上是毫无疑义的。这个过渡时期不能不兼有这两种社会经济结构的特点或特性。这个过渡时期不能不是衰亡着的资本主义与生长着的共产主义彼此斗争的时期，换句话说，就是已被打败但还未被消灭的资本主义和已经诞生但还非常幼弱的共产主义彼此斗争的时期。"[20] 他指出，在这种过渡时期，俄国"社会经济的基本形式就是资本主义、小商品生产和共产主义"。"基本力量就是资产阶级、小资产阶级（特别是农民）和无产阶级"[21]。在阐述东方殖民地半殖民国家的革命发展道路时，他指出，一切殖民地和落后国家，在本国无产阶级的领导下，"在先进国家无产阶级的帮助下，落后国家可以不经过资本主义发展阶段而过渡到苏维埃制度，然后经过一定的发展阶段过渡到共产主义"[22]。同时，他还强调，在这个特殊的过渡阶段，"必须找到特殊的形式"，"在一些大的国家内予以实现"[23]。在向共产主义过渡的实践中，最初俄国企图通过"战时共产主义"政策，直接过渡到共产主义。但

1921 年时的列宁

在实践中遭到了挫折。列宁在对“战时共产主义”政策进行反思的基础上，认识到在像俄国这样小农经济占据优势的国家还不能直接过渡到社会主义，而只能采取迂回过渡的方法。他指出：“既然我们还不能实现从小生产到社会主义的直接过渡，所以作为小生产和交换的自发产物的资本主义，在一定程度上是不可避免的，所以我们应该利用资本主义（特别是要把它纳入国家资本主义的轨道）作为小生产和社会主义之间的中间环节，作为提高生产力的手段、途径、方法和方式。”[24] 后来俄国放弃了直接过渡到共产主义的“战时共产主义”的做法，转而实行迂回过渡的新经济政策。马克思列宁主义过渡时期的理论及其在俄国的实践，为落后国家如何过渡到社会主义提供了理论依据和经验借鉴。

毛泽东在《新民主主义论》一文中，创造性地把马克思列宁主义的过渡理论运用于半殖民地半封建的中国，提出了通过建立新民主主义的社会和经由新民主主义共和国，从而走向社会主义的道路。毛泽东在分析了民主革命与社会主义革命这两个既相区别又相联系的两个革命阶段关系的基础上，指出中国革命的第一阶段，“决不是也不能建立中国资产阶级专政的资本主义的社会，而是要建立以中国无产阶级为首领的中国各个革命阶级联合专政的新民主主义的社会，以完结其第一阶段。然后，再使之发展到第二阶段，以建立中国社会主义的社会”。在这里，他明确把建立新民主主义的社会作为由资本主义向社会主义过渡的社会形态，丰富和发展了马克思列宁主义过渡时期的理论。对于新民主主义的社会到底是怎样的一种社会形态，毛泽东分别从政治、经济、文化三个方面展开了分析和论述，并创造性地提出了新民主主义共和国这一崭新概念。毛泽东所提出的新民主主义共和国，是一种独特的国家类型。它既不同于欧美式的资产阶级专政的资本主义共和国，也不同于苏联式的无产阶级专政的社会主义的共和国，而是“一切殖民地半殖民地国家的革命，在一定历史时期中所采取的国家形式”。他指出新民主主义共和国，“是一定历史时期的形式，因而是过渡的形式，但是不可移易的必要的形式”。这个新民主主义共和国，在政治上，其国体是实行无产阶级领导的各革命阶级联合专政，其政体是采取人民代表大会的形式，实行民主集中制。在经济上，在私有资本不能操纵国民生计的条件下，允许私人资本主义经济的适当发展，同时扫除农村中的封建关系，实行“平均地权”，把土地变为农民的私产。在文化上，实行无产阶级领导的人民大众的反帝反封建的文化，即民族的科学的大众的文化。毛泽东关于新民主主义国家学说的构想，是运用马克思主义国家学说分析中国实际所产生的独创性理论，为中国新民主主义革命指明了目标和方向，同时也是对马克思列宁主义关于国家形态理论的重大丰富和发展。

（二）《新民主主义论》是毛泽东新民主主义理论成熟的主要标志之一

新民主主义理论是毛泽东思想的重要组成部分，是马克思列宁主义普遍真理与中国革命具体实践相结合所产生的重大理论成果。从其萌芽到逐步发展、成熟，其间经历了一个曲折的历史过程。

早在 1921 年中国共产党成立起，中国共产党人就努力运用马克思列宁主义的基本原理，分析和解决中国社会面临的种种问题，寻求进行民主革命的理论和方法。1921 年 7 月召开的党的一大，明确提出了消灭资本主义私有制，建立无产阶级专政和实现共产主义的奋斗目标。但此时的中国共产党人由于理论准备上还不够充分，加之对于中国的历史和社会状况、中国革命的性质和特点，还缺乏科学的分析，所以，对于中国革命的一些基本问题，还不能得出比较清楚的认识。他们还不能把反帝反封建的民族民主革命同消灭一切剥削、消灭私有制的社会主义革命区别开来，对于中国这样特殊的社会条件下，是否能立即实行社会主义革命，建立无产阶级专政等重大问题，还不能得出正确的结论。1922 年召开的中共二大，对中国所面临的国际国内形势、中国的社会状况以及中国革命的基本问题，有了进一步的认识和把握，对中国革命的性质、对象、动力、任务、目标、前途等一系列问题基本作出了比较正确的分析。大会认为，现阶段中国革命的性质是民主主义革命；革命对象是国际帝国主义和封建军阀；革命的动力是广大工人、农民和小资产阶级，民族资产阶级也是革命的力量之一；革命任务和目标是消除内乱，打倒军阀，推翻国际帝国主义的压迫，达到中华民族完全独立并统一中国为真正的民主共和国；革命的前途是向社会主义转变。中共二大对民主革命和社会主义革命两个阶段的区别与联系进行了科学分析，制定了党在民主革命阶段的反帝反封建的最低纲领和实现劳农专政，渐次达到共产主义社会的最高纲领。中共二大对中国革命不同阶段性质及任务的认识，表明中国共产党对革命问题认识的进一步深化。但是，中国二大在这些问题的认识上还比较初步，尤其是对无产阶级领导权问题没有足够的认识，对民主革命的前途认识也还不明确，这成为后来党内在对待革命问题上，出现右倾机会主义错误的根源。一直到 1925 年 1 月，中共四大才明确提出了无产阶

中共二大会址之一：南成都路辅德里 625 号

级领导权的问题。1925 年爆发的“五卅运动”把中国革命推向了高潮。随着革命形势的发展，中国共产党的许多领导人如陈独秀、李大钊、瞿秋白、毛泽东、蔡和森、邓中夏、周恩来、恽代英等，对中国革命的一系列基本问题进行了思考和理论阐释，提出了许多有价值的思想，进一步推动了全党对于中国革命基本问题的认识。其中，毛泽东在此期间相继发表了《中国社会各阶级的分析》《中国农民中各阶级的分析及其对于革命的态度》《国民党右派分离的原因及其对于革命前途的影响》《国民革命与农民运动》《湖南农民运动考察报告》等文章，比较系统阐述了中国新民主主义革命的一些思想。如在革命性质问题上，毛泽东在《国民党右派分离的原因及其对于革命前途的影响》一文中指出，欧美和日本等国的资产阶级革命，“乃资产阶级一阶级的革命”，“其目的是建设国家主义的国家即资产阶级一阶级统治的国家”，而中国的国民革命“乃小资产阶级、半无产阶级、无产阶级这三个阶级合作的革命”，“其目的是建设一个革命民众合作统治的国家”[25]。在中国革命的领导和依靠力量问题上，毛泽东在《中国社会各阶级的分析》一文中，明确指出了新民主主义的革命阵线，即“一切勾结帝国主义的军阀、官僚、买办阶级、大地主阶级以及附属于他们的一部分反动知识界，是我们的敌人。工业无产阶级是我们革命的领导力量。一切半无产阶级、小资产阶级，是我们最接近的朋友。那动摇不定的中产阶级，其右翼可能是我们的敌人，其左翼可能是我们的朋友——但我们要时常提防他们，不要让他们扰乱了我们的阵线”[26]。此后，在《中国农民中各阶级的分析及其对于革命的态度》《国民革命与农民运动》《湖南农民运动考察报告》等文章中，毛泽东比较系统地分析了农村中的各个阶级及其对革命的态度，为正确认识农民问题起到了重要作用。这些思想标志着新民主主义理论的萌芽，为新民主主义理论体系的形成奠定了初步基础。

1927 年大革命失败后，中国共产党吸取了大革命失败的教训，开始了独立领导中国革命，建立人民军队、开展土地革命、建立农村革命根据地，武装反抗国民党反动统治的新的历史时期。通过独立领导土地革命的实践，中国共产党对于中国革命的特点和规律有了更加深刻的认识。1928 年 6 月召开的中共六大，对中国社会的性质和中国革命的性质作出了正确的判断，明确指出中国仍然处于半殖民地半封建社会，中国革命现阶段的性质仍然是资产阶级民主革命，批评了混淆民主革命与社会主义革命的所谓“不断革命论”的观点。大会总结了过去革命的经验教训，提出反对“左”、右两种错误倾向，并指出党内的右倾机会主义放弃革命的领导权，是造成大革命失败的主要原因。而大革命失败后在批评右倾机会主义错误时所产生的脱离群众的“左”倾盲动主义也会给革命带来巨大危害。此后，毛泽东相继发表《中国的红色政权为什么能够存在？》《井冈山的斗争》《星星之火，可以燎原》等文章，系统阐述了中国革命的发展道路问题，初步形成了农村包围城市，最后夺取全国政权的革命道路理论。此后，《反对本本主义》《实践论》《矛盾论》的发表，毛泽东从哲学层面对教条主义、主观主义进行了批驳，确立了中国革命的思想路线。这表明中国共产党对于中国新民主主义革命基本问题认识的进一步深化，标志着新民主主义理论的初步形成。

进入全面抗战时期以后，中国革命经历了北伐战争的胜利和失败，也经历了土地革命战争的胜利和第五次反“围剿”战争的失败，积累了丰富的经验。通过对两次胜利和两次失败的比较，以毛泽东为代表的中国共产党人对中国的历史、社会状况，对中国革命特点和规律的认识更加准确和深刻。通过对正反两方面历史经验的总结，又进一步推动了新民主主义理论的发展，系统阐述新民主主义理论体系的时机已经成熟。1939 年 5 月，他在《青年运动的方向》一文中，首次使用了与新民主主义革命意义相同的“人民民主革命”的提法。之后，在 1939 年 10 月《〈共产党人〉发刊词》中，他提出了统一战线、武装斗争、党的建设是中国共产党领导革命的三大法宝。1939 年 12 月，他在《中国革命和中国共产党》一文中，第一次明确提出了“新民主主义革命”这一崭新的科学概念，并对新民主主义革命的对象、任务、动力、性质、前途等一系列基本问题作了系统科学的阐述。而此后发表的《新民主主义论》正是在集中了以往中国共产党人关于新民主主义革命的主要思想的基础上，系统阐明新民主主义理论

毛泽东在抗日战争时期撰写的主要著作

的集大成之作。《新民主主义论》是对中国近百年民主革命斗争，特别是中国共产党领导新民主主义革命斗争的经验总结。在《新民主主义论》中，毛泽东科学指明了中国的社会性质和中国革命的历史特点，具体阐明了关于中国革命的一系列基本理论问题，驳斥了党内外在革命性质和革命前途问题上存在的错误思想。同时全面阐述了新民主主义的政治、经济、文化思想，勾画了新民主主义国家的宏伟蓝图，形成了新民主主义社会理论。至此，以新民主主义革命理论和新民主主义社会理论为主要内容的新民主主义理论体系得以系统形成，而《新民主主义论》正是其最主要和最重要的标志。

（三）《新民主主义论》是马克思主义中国化的光辉典范

1938 年 10 月，毛泽东在党的六届六中全会所作的《论新阶段》的政治报告中，首次提出了“马克思主义中国化”这一命题。他指出：“没有抽象的马克思主义，只有具体的马克思主义。所谓具体的马克思主义，就是通过民族形式的马克思主义，就是把马克思主义应用到中国具体环境的具体斗争中去，而不是抽象地应用它。成为伟大中华民族之一部分而与这个民族血肉相连的共产党员，离开中国特点来谈马克思主义，只是抽象的空洞的马克思主义。因此，马克思主义的中国化，使之在其每一表现中带着中国的特性，即是说，按照中国的特点去应用它，成为全党亟待了解并亟须解决的问题。”[27]《新民主主义论》正是毛泽东运用马克思主义的立场、观点和方法，研究和解决中国革命实际问题的光辉典范，是马克思主义中国化的重要代表作。

纵观《新民主主义论》整篇著作，无不体现着马克思主义中国化的生机与活力。对于东方殖民地、半殖民地国家如何实现民族独立和人民解放，并最终走上共产主义的道路，列宁曾经指出：“一切民族都将走向社会主义，这是不可避免的，但是一切民族的走法却不完全一样，在民主的这种或那种形式上，在无产阶级专政的这种或那种形态上，在社会生活各方面的社会主义改造的速度上，每个民族都会有自己的特点。”[28]“在东方那些人口无比众多、社会情况无比复杂的国家里，今后的革命无疑会比俄国革命带有更多的特殊性。”[29]他告诫东方各国共产党人“必须以共产主义的一般理论和实践为依据，适应欧洲各国所没有的特殊条件，善于把这种理论和实践运用于主要群众是农民、需要解决的斗争任务不是反对资本而是反对中世纪残余这样的条件。这是一个困难而特殊的任务，但又是一个能收到卓著成效的任务”[30]。毛泽东在《新民主主义论》中始终坚持把马克思主义普遍真理创造性地运用于中国革命的实践，不但丰富和发展了许多马克思列宁主义中原先已经提出的一些观点和内容，同时，还结合中国具体的革命实际，创造性地提出了许多原先马列著作中没有讲过的，但却完全符合马克思列宁主义原则、方法的新观点和新论断，为中国化马克思主义作出了重要的理论贡献。

毛泽东运用辩证唯物主义和历史唯物主义的立场、观点和方法，从中国的历史和实际出发，科学分析了半殖民地半封建社会的中国的历史特点和所处的时代环境；第一次把资产阶级民主革命划分为新旧两个历史范畴，科学指明了中国现阶段所进行的革命属于新的资产阶级民主主义的革命的范畴；具体阐明了新民主主义革命的对象、领导、动力、性质和前途等一系列的革命基本问题，形成了完整的新民主主义革命理论；将中国革命的历史特点概括为两个步骤，科学分析了不断革命论和革命发展阶段论之间的关系，澄清了党内外在革命发展阶段问题认识上存在的“左”和右的两种错误偏向，正确地解决了中国革命的发展阶段问题。毛泽东关于新民主主义革命的理论正确揭示了中国革命的发展规律，科学回答了“中国革命向何处去”这一革命的首要问题。同时，毛泽东在《新民主主义论》中还系统阐述了新民主主义的社会理论。在由新民主主义向社会主义过渡的问题上，毛泽东创造性地提出了新民主主义的社会、新民主主义共和国等崭新的概念，并认为这是向社会主义的过渡形式，但是不可移易的必要的形式。他详细阐述了新民主主义国家政治、经济、文化的奋斗目标，形成了比较完备的新民主主义社会理论。至此，包括新民主主义革命理论和新民主主义社会理论在内的完整的新民主主义理论体系在《新民主主义论》这篇著作中得以完整呈现。新民主主义理论体系标志着马克思列宁主义与中国实际相结合第一次历史性飞跃所产生的理论成果——毛泽东思想的发展成熟。毛泽东不但身体力行，努力践行马克思主义中国化，而且在《新民主主义论》中他还特别告诫共产党人："形式主义地吸收外国的东西，在中国过去是吃过大亏的。中国共产主义者对于马克思主义在中国的应用也是这样，必须将马克思主义的普遍真理和中国革命的具体实践完全地恰当地统一起来，就是说，和民族的特点相结合，经过一定的民族形式，才有用处，决不能主观地公式地应用它。公式的马克思主义者，只是对于马克思主义和中国革命开玩笑，在中国革命队伍中是没有他们的位置的。"在这里，毛泽东明确地阐述了马克思主义中国化的必要性之所在。《新民主主义论》不但是马克思主义中国化的重要理论成果，同时也为马克思主义中国化的发展开辟了道路。

二 |《新民主主义论》的实践意义

《新民主主义论》是在对我国百余年来民主革命，尤其是对中国共产党所经历的大革命时期和土地革命时期的"两次胜利和两次失败"的基础上所得出的宝贵经验总结。文中所阐述的关于新民主主义革命的路线、方针、政策和关于新民主主义社会建设的政治、经济、文化思想，对于指引新民主主义革命取得胜利具有重要的实践意义，是我国新民主主义革命的纲领性文献。

（一）为团结抗战和推动中国革命向前发展提供了思想保证

《新民主主义论》中对于中国新民主主义革命一系列基本问题的科学分析与阐述，有力地驳斥了各种妥协投降的错误主张，为团结抗战和推动中国革命的向前发展提供了思想保证。

毛泽东在《新民主主义论》中对新民主主义革命的性质、时代特点、革命的领导、动力、对象、目标和革命前途等一系列关于新民主主义革命理论体系核心内容的详尽阐释，清楚地揭示了中国革命的特点和规律，更加丰富和发展了新民主主义革命总路线的内容。《新民主主义论》找到了在以农民为主体的、半殖民地半封建的中国，如何实现民主独立、人民解放，进而走向社会主义的正确的革命发展道路，科学回答了“中国向何处去”的问题，为全国人民指明了革命的发展方向。正如毛泽东在《新民主主义论》文章结尾处所说的：“新中国站在每个人民的面前，我们应该迎接它。新中国航船的桅顶已经冒出地平线了，我们应该拍掌欢迎它。”他向全中国人民热烈欢呼：“举起你们的双手吧，新中国是我们的。”历史已经证明，正是在新民主主义革命理论的指导下，中国共产党担负起革命的领导责任，带领全国人民，不但取得了抗日战争的胜利，并且推动革命继续向前发展，最终实现了新民主主义革命的伟大胜利。可以说，正是有了《新民主主义论》中对中国革命规律的深刻认识和把握，在其所阐述的理论原则的指导下，才赢得了民主革命的最终胜利。

（二）统一了全党和全国人民思想，击退了国民党思想文化战线上的进攻

《新民主主义论》对一系列中国革命基本问题的科学论断，澄清

了党内外在中国革命问题上的错误认识，统一了全党和全国人民的思想，击退了国民党思想文化战线上的反共进攻。

无论从《新民主主义论》的写作动机，还是从文中所阐述的内容来看，可以说，《新民主主义论》是一部论战性的著作。毛泽东在《新民主主义论》中，对三民主义和共产主义、旧三民主义和新三民主义的联系与区别进行了准确辨析，科学评价了孙中山先生的三民主义，并明确了中国共产党所为之奋斗的三民主义，是孙中山在《中国国民党第一次全国代表大会宣言》中所阐释的“革命的三民主义，新三民主义，或真三民主义”，严厉驳斥了国民党顽固派所叫嚣的“反革命的三民主义，旧三民主义，伪三民主义”。此外，《新民主主义论》关于中国革命性质、前途、革命发展阶段等问题的阐述，澄清了党内外在这些问题的认识上存在的错误观念，批驳了资产阶级专政论以及在革命发展阶段问题上的“一次革命论”和“二次革命论”的错误论调，正确解决了中国革命的发展方向问题。毛泽东曾指出：“主义譬如一面旗子，旗子立起了，大家才有所指望，才知所趋赴。”[31] 正是在三民主义的论战过程中，新民主主义理论得以系统形成，成为指导中国革命的伟大旗帜。

（三）成为中国共产党所领导的革命根据地建设的行动指南

《新民主主义论》中关于新民主主义理论的系统阐述，尤其对新民主主义政治、经济、文化等方面内容的科学论断，成为中国共产党所领导的革命根据地建设的行动指南。中国共产党所领导的抗日民主根据地，成为“贯彻和实现中国共产党的新民主主义理论的先进阵地。各根据地建立的共产党领导的统一战线政权，所实行的各项新民主主义政策，表明根据地已经开始改变半殖民地半封建的社会性质，逐步成为新民主主义社会的雏形”[32]。以新民主主义理论为指导的中国共产党所领导的革命根据地的新民主主义建设，也为新民主主义革命在全国胜利后所开始的全国范围的新民主主义建设积累了宝贵经验，成为未来新社会的雏形。

1. 政权建设方面

政权问题是衡量社会性质如何的首要标准。毛泽东曾指出："判断一个地方的社会性质是不是新民主主义的，主要地是以那里的政权是否有人民大众的代表参加以及是否有共产党的领导为原则。因此，共产党领导的统一战线政权，便是新民主主义社会的主要标志。"[33] 因此，政权建设问题成为革命根据地建设的首要问题，也是最根本的问题。

为使新民主主义共和国的方案在各抗日根据地付诸实践，结合抗日战争条件下的具体实际，并在总结以往根据地政权建设经验的基础上，中共中央于 1940 年 3 月向全党发出《抗日根据地的政权问题》的指示，系统阐述了抗日民主政权建设的一系列基本问题。这个指示，是毛泽东为中共中央所起草的。在指示中，就所要建立的政权性质问题，他指出："在抗日时期，我们所建立的政权的性质，是民族统一战线的。这种政权，是一切赞成抗日又赞成民主的人们的政权，是几个革命阶级联合起来对于汉奸和反动派的民主专政。"[34] 在政权的组成上，毛泽东指出："根据抗日民族统一战线政权的原则，在人员分配上，应规定为共产党员占三分之一，非党的左派进步分子占三分之一，不左不右的中间派占三分之一。"[35] 在此后不久，毛泽东在为延安中国共产党的高级干部会上所拟写的报告提纲《目前抗日统一战线的策略问题》中，又进一步分析了这三种政权的人员分配。指出，共产党所代表的是无产阶级和贫农，左派进步分子代表小资产阶级，中间分子及其他分子代表中等资产阶级和开明绅士。只有汉奸和反共分子才没有资格参加这种政权。他指出："这种人数的大体上的规定是必要的，否则就不能保证抗日民

毛泽东在延安时期给干部作报告

族统一战线政权的原则。”[36]在领导权问题上，他指出：“必须保证共产党员在政权中占领导地位，因此，必须使占三分之一的共产党员在质量上具有优越的条件。只要有了这个条件，就可以保证党的领导权。”在如何保证政权的统一战线性质的问题上，毛泽东特别强调：“为着执行这个政策，必须教育担任政权工作的党员，克服他们不愿和不惯同党外人士合作的狭隘性，提倡民主作风，遇事先和党外人士商量，取得多数同意，然后去做。同时，尽量地鼓励党外人士对各种问题提出意见，并倾听他们的意见。”[37]在选举政策上，明确指出：“抗日统一战线政权的选举政策，应是凡满十八岁的赞成抗日和民主的中国人，不分阶级、民族、男女、信仰、党派、文化程度，均有选举权和被选举权。抗日统一战线政权的产生，应经过人民选举。其组织形式，应是民主集中制。”[38]在抗日统一战线政权的施政方针上，“应以反对日本帝国主义，保护抗日的人民，调节各抗日阶层的利益，改良工农的生活和镇压汉奸、反动派为基本出发点”[39]。按照中共中央所发布的《抗日根据地的政权问题》的指示精神，各抗日根据地都按照“三三制”抗日统一战线政权建设的基本原则，纷纷展开了根据地政权建设的实践。在各抗日根据地当中，陕甘宁边区作为中共中央的所在地和敌后抗战的指挥中心，是最早健全“三三制”政权的根据地，并为其他抗日根据地的政权建设起到了表率作用。根据党内《抗日根据地的政权问题》的指示原则，从 1941 年 2 月起，陕甘宁边区进行了广泛深入的普选活动。通过对全区人民的普选教育，使广大人民的民主意识得到了很大提高。边区人民在不受财产、性别、民族、文化、职业等限制的情况下，通过普遍、直接、平等和无记名投票的方式，进行了选举，参加选举的人民达 80% 之多。在普选的基础上，产生了县以下各级参议会及政府机关。同年 5 月 1 日，中共中央颁布《陕甘宁边区施政纲领》，纲领明确把“三三制”政权原则作为纲领内容之一，其纲领第五条明确规定：“本党愿与各党各派及一切群众团体进行选举联盟，并在候选名单中确定共产党员只占三分之一，以便各党各派及无党无派人士均能参加边区民意机关之活动与边区行政之管理。在共产党员被选为某一行政机关之主管人员时，应保证该机关之职员有三分之二为党外人士充任，共产党员应与这些党外人士实行民主合作，不得一意孤行，把持包办。”[40] 此外，纲领还就保证人民的基本权利、改进司法制度、厉行廉洁政治等方面，进行了规定，以保证抗日民主政权建设的不断完善。11 月 6 日，陕甘宁边区召开第二届参议会。毛泽东在会上发表演说，进一步强调了“中国共产党的主张就是要团结全国一切抗日力量打倒日本帝国主义，要和全国一切抗日的党派、阶级、民族合作，只要不是汉奸，都要联

中共中央北方分局颁布边区施政纲领

合一致，共同奋斗”[41]。在谈到中国共产党所提出的各项政策时，他指出，这些政策“都是为着团结一切抗日的人民，顾及一切抗日的阶级，而特别是顾及农民、城市小资产阶级以及其他中间阶级的。共产党提出的使各界人民都有说话机会、都有事做、都有饭吃的政策，是真正的革命三民主义的政策”[42]。毛泽东在会上批评了在部分党员中存在的不善于同党外人士进行民主合作的关门主义和宗派主义的作风，肯定了《陕甘宁边区施政纲领》中所阐述的共产党员应当同党外人士实行民主合作，不得一意孤行，把持包办的有关规定。本次参议会严格按照“三三制”的政权组建原则，进行了选举。最后选举民主人士李鼎铭为参议长，并担任边区政府副主席，选举林伯渠任边区政府主席，并正式通过了《陕甘宁边区施政纲领》。这次参议会的胜利召开，打消了党外人士之前存在的某些顾虑，中国共产党在政权建设上，完全履行了之前的承诺，从而进一步团结了

李鼎铭（前排左三）和陕甘宁边区政府主席林伯渠（前排左二）等合影

非党人士，为团结抗日局面的进一步巩固提供了有力保障。这次会议，也为其他抗日根据地树立了民主的楷模，有力地推动了“三三制”抗日民主政权在各根据地的建立与完善。根据陕甘宁边区的实践经验，华北、华中各抗日根据地，根据各地的不同情况，都相继通过民主选举，召开参议会，并按照“三三制”的原则，组建了新的政府，进一步改进和健全了各级抗日民主政权。“三三制”原则的贯彻，不但提高了中国共产党的威信，也进一步团结了其他一切抗日阶级、阶层。许多开明的党外人士纷纷被选入政权机关，与中共一道共商抗日、民主的大计，在根据地内部，形成了各阶层空前团结的良好局面，从而为全国抗日民族统一战线的巩固和发展提供了有力保障。中国共产党领导的抗日根据地的民主政治建设也在实践中不断发展成熟。

“三三制”政权的理论和实践，是新民主主义政权理论与抗日战争的具体实际相结合的伟大创造，是抗日战争时期，新民主主义政权的特殊形式。可以说，抗日民主根据地在政权性质上，已经属于新民主主义的性质了。正如邓小平所指出的：“‘三三制’政权的实质是民主”，“这不仅是今天敌后抗战的最好政权形式，而且是将来新民主主义共和国所应采取的政权形式”[43]。“三三制”政权的理论和实践，也为后来毛泽东人民民主专政理论的形成与发展提供了思想启迪和经验借鉴。

2. 经济建设方面

《新民主主义论》在阐述新民主主义的经济思想时，指出，无产阶级领导下的新民主主义共和国的国营经济是整个国民经济的领导力量，允许“不能操纵国民生计”的私有经济的发展，同时实现“平均地权”的土地方针，实行孙中山所提出的“耕者有其田”的口号。以此原则为指导，结合抗日战争的实际，中国共产党领导下的各抗日根据地广泛进行了新民主主义的经济建设活动。

对于抗日战争条件下，抗日根据地实行什么样的经济政策，毛泽东曾具体指出：“在劳动政策方面，是适当地改善工人生活和不妨碍资本主义经济正当发展的两重性的政策。在土地政策方面，是要求地主减租减息又规定农民部分地交租交息的两重性的政策。”[44] 根据这样的方针指示，中国共产党制定了一系列具体措施以保证各根据地地区经济建设的开展。

在土地政策上，“为着同国民党建立抗日统一战线和团结当时尚能反对日本帝国主义的人们起见，我党主动地把抗日以前的没收地主土地分配给农民的政策，改变为减租减息的政策”[45]。减租减息是抗日战争时期，中国共产党解决农民土地问题所实行的一项特殊政策，并写入《抗日救国十大纲领》当中。但是从抗战开始到 1941 年以前，根据地的减租减息并没有得到很好的执行。一方面，受右倾投降主义路线的影响，因害怕得罪地主，许多根据地仅是颁布了

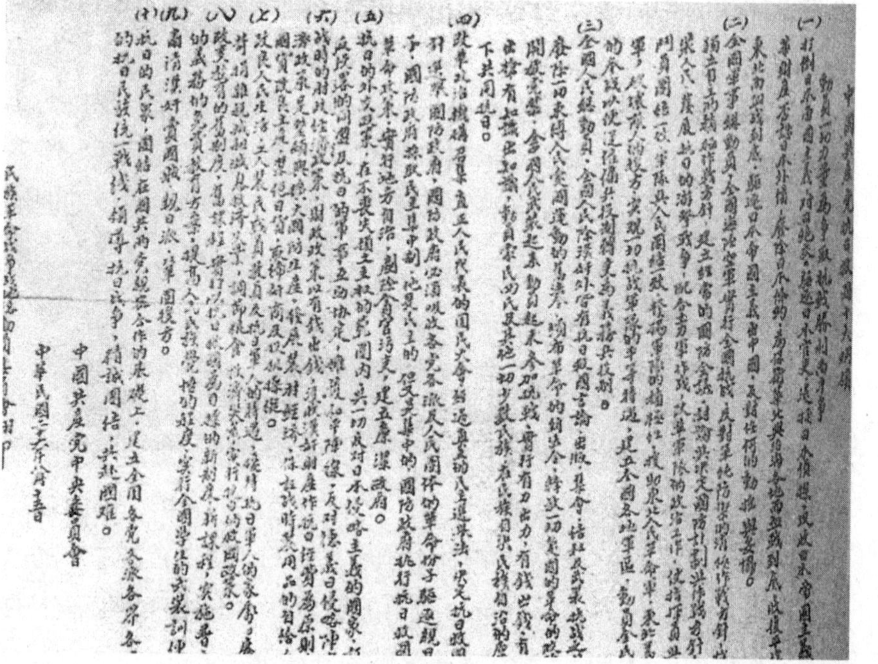
中国共产党抗日救国十大纲领

中国共产党中央委员会

《抗日救国十大纲领》

减租减息的相关法令，实际中执行的并不多。许多地区在执行这项政策时，也仅限于保护土地革命时期农民已分得的土地而已，以致形成了明减暗不减的局面。另一方面，在实行减租减息的过程中，特别是在国民党顽固派发动第一次反共军事高潮时期，许多根据地地区出现了“左”的错误倾向，如出现了一些农民不交租交息，甚至废除地租、利息，重新没收地主土地的做法。这些错误倾向，不但严重影响了农民、地主阶级的抗战积极性，未能真正将群众组织起来，而且对抗日根据地的巩固和发展也产生了不良影响。1941 年到 1942 年间，世界法西斯势力极为猖狂，中国抗日根据地进入了极度艰难的时期。为改善农民和地主阶级之间的矛盾，团结一切抗日阶层坚持敌后的长期斗争，中共中央在吸取各根据地之前的经验和教训的基础上，于 1942 年初，颁布了《关于抗日根据地土地政策的决定》和《关于如何执行土地政策决定的指示》，明确规定了减租减息的各项政策，并要求各根据地认真、彻底地执行。决定强调：“（1）承认农民（雇农包括在内）是抗日与生产的基本力量。（2）承认地主的大多数是有抗日要求的，一部分开明绅士并是赞成民主改革的。（3）承认资本主义生产方式是中国现时比较进步的生产方式，而资产阶级、特别是小资产阶级与民族资产阶级，是中国现时比较进步的社会成分与政治力量。富农的生产方式是带有资本主义性质的，富农是农村中的资产阶级，是抗日与生产的一个不可缺少的力量。”[46] 决定将这三条原则作为制定土地政策的出发点，指出实行减租减息的土地政策，是为了扶助农民减轻封建剥削，改善农民生活，提高农民抗日和生产积极性，而不是消灭封建剥削，更不是打击赞成民主改革的开明绅士。对于资本主义与资产阶级，不是削弱它们，而是要在适当地改善工人生活的条件下，奖励资本主义生产与联合资产阶级。农民、地主、富农的人权、政权、地权、财权，都应得到保证。决定下发后，自 1942 年开始，各抗日根据地根据各地实际情况，按照中央的指示，广泛掀起了减租减息的高潮。虽然减租减息的土地政策是新民主主义的土地方针的部分的、有条件的实践，但是它仍然是抗日战争条件下处理土地问题与联合全民族团结抗战的唯一正确的革命政策。

在经济政策上，正确处理了根据地内存在的不同所有制经济成分的关系问题。在各抗日根据地地区，主要存在着国营经济（公营经济）、私营经济、合作社经济三种经济成分。国营经济，在抗战时期改称公营经济，是在抵抗国民党的反共摩擦，克服根据地出现的严重困难的过程中发展起来的。对此，毛泽东曾指出，在国民党对抗日根据地进行封锁和军事摩擦的环境之下，根据地处于极度困难的局面。“但是我们渡过了困难。这不但是由于边区人民给了我们粮食吃，尤其是由于我们下决心自己动手，建立了自己的公营经济。边区政府办了许多的自给工业；军队进行了大规模的生产运动，发展了以自给为目标的农工商业；几万机关学校人员，也发展了同样的自给经济。……我们就用这些办法战胜了困难。”[47] 他进一步强调：“如果不发展人民经济和公营经济，我们就只有束手待毙。”[48] 私营经济，主要包括广大农民和个体劳动者的个体经济、地主经济和资本主义经济，是根据地的主要经济成分。对于私营经济，根据地按照新民主主义经济的指导纲领和原则，采取了保护农民和小生产者的个体经济，同时对于地主经济和私人资本主义经济，允许其适当发展的方针。对此，毛泽东曾指出：“让自由资本主义经济得着发展的机会，用以反对日本帝国主义和半封建制度。这是目前中国的最革命的政策，反对和阻碍这个政策的施行，无疑义地是错误的。严肃地坚决地保持共产党员的共产主义的纯洁性和保护社会经济中的有益的资本主义成分，并使其有一个适当的发展，是我们在抗日和建设民主共和国时期不可缺一的任务。”[49] 合作社经济是根据地地区新民主主义经济的一个重要组成部分。合作社的建立是为解决小农经济的种种困难以及根据地地区因青壮年参军而造成劳动力不足等问题而出现的建立在个体经济之上的一种集体劳动组织。合作社成为组织广大群众发展生产的有效组织形式，合作社经济成为公营经济的有力补充，对于发展根据地经济，改善人民生活，发挥了重要作用。毛泽东指出："目前我们在经济上组织群众的最重要形式，就是合作社。""在农民群众方面，几千年来都是个体经济，一家一户就是一个生产单位，这种分散的个体生产，就是封建统治的经济基础，而使农民自己陷于永远的穷苦。克服这种状况的唯一办法，就是逐渐地集体化；而达到集体化的唯一道路，依据列宁所说，就是经过合作社。"[50] 他强调这种集体互助的办法是群众自己发明出来的，必须要群众自愿参加而不能强迫其加入。他指出，有了这种合作社，"我们就可以把群众的力量组织成为一支劳动大军。这是人民群众得到解放的必由之路，由穷苦变富裕的必由之路，也是抗战胜利的必由之路"[51]。在中共中央关于根据地经济建设方针政策的指导下，抗日根据地的各种不同性质的经济都得到了很大程度的发展。以陕甘宁边区为例，"西北财经办事处提出的 1943 年发展工业计划中，部署了公营经济的优先发展。边区建设厅召开工厂厂长联席会议，确定了公营工厂'发展经济，保证供给，保证数量，提高质量'的原则"[52]。边区公营经济获得很大发展。在发展合作社经济方面，边区除了组织集体互助的农业生产合作社以外，还发展了包括生产合作、消费合作、运输合作（运盐）、信用合作的综合性合作社，运输合作社（运盐队）以及手工业合作社等其他形式的合作社。"1943 年至 1944 年的 1 年半时间里，抗日根据地合作社发展到 435 个，合作社业务单位共 1280 个，社员人数达 245884 人，股金达到 138800 万元。"[53] 在保护和发展私营经济方面，"边区奖励地主商人创办工业，并欢迎边区以外的工商业家到边区发展工业，还帮助解决私营工业在资金等方面的困难"。"1943 年，私营纺织厂增至 50

个，年产布 12000 匹；私营造纸厂 56 家，年产纸 2468 令；私营商店由 1938 年的 90 家增加到 473 家。手工业也发展很快，1943 年，延安等 14 县市有手工作坊 656 间，从业人员 2047 人。”[54]

抗日根据地所实行的减租减息的土地政策以及发展公营经济、合作社经济和私营经济，是在新民主主义经济思想的指导下，并结合抗战条件下各地区具体实际所进行的伟大经济建设实践。这些方针政策的实施，不但对克服根据地的经济困难，改善根据地人民的生活，为抗战的最后胜利提供物质保障方面起到了巨大的作用，而且也初步建立起具有新民主主义性质的经济形态，对于此后新民主主义经济纲领的形成和进一步完善也有着重要的实践意义。

3. 文化建设方面

《新民主主义论》在阐述新民主主义的文化时，明确提出了所谓新民主主义的文化，就是无产阶级领导的人民大众的反帝反封建的文化，是民族的科学的大众的文化。文中对新民主主义文化的这一科学界定，为各抗日根据地文化事业的发展指明了方向，成为各根据地进行文化建设的行动指南。

对于文化建设的重要性，毛泽东曾指出：“在我们为中国人民解放的斗争中，有各种的战线，就中也可以说有文武两个战线，这就是文化战线和军事战线。我们要战胜敌人，首先要依靠手里拿枪的军队。但是仅仅有这种军队是不够的，我们还要有文化的军队，这是团结自己、战胜敌人必不可少的一支军队。”[55] 由于在广大抗日根据地地区，多数人民群众还是文盲，总体文化水平不高，封建迷信思想在群众中间还有很大的影响。对此，毛泽东特别强调建立文化统一战线的必要性。他在陕甘宁边区文教工作者会议上指出：“我们必须告诉群众，自己起来同自己的文盲、迷信和不卫生的习惯作斗争。为了进行这个斗争，不能不有广泛的统一战线。而在陕甘宁边区这样人口稀少、交通不便、原有文化水平很低的地方，加上在战争期间，这种统一战线就尤其要广泛。”[56] 建立统一战线，就是要团结一切可以教育、改造的旧知识分子为我所用，加入到新民主主义的文化建设中来。为改善根据地群众文化水平低下的状况，中共中央发布了开展抗日民主地区国民教育的指示，明确指出：“开展抗日民主地区的国民教育，是当前深入动员群众参加与坚持抗战，培养革命知识分子与干部的重要环节。各地党的领导机关及其宣传教育部，必须认真的把这一工作当做它们的中心任务之一，坚决反对党内历来对于这一工作的轻视与忽视的态度。”[57] 中共中央发布的这一指示，还明确规定了未来国民教育的基本内容，认为“应该确定国民教育的基本内容为新民主主义的教育，这即是以马列主义的理论与方法为出发点的关于民族民主革命的教育与科学的教育”。[58] 根据中共中央的指示要求，各抗日根据地广泛开展了国民教育建设。“到 1940 年，陕甘宁边区已有小学 1341 所和中等学校 7 所，其中小学生达 4.36 万余人。晋察冀根据地有小学 7697 所。各抗日根据地普

中国抗日军政大学总校校门

及文化知识的社会教育，如夜校、冬学、识字班（组）、读报组和剧团等也有很大发展。一些世代不识字的农民开始学习文化知识，关心国家大事，思想上和文化上得到启蒙和提高。”[59] 此外，为培养军政干部，各抗日根据地还建立了许多中等教育和高等教育学校。在陕甘宁边区，政府明确规定中等学校带有干部学校的性质，同时恢复和创办了中央党校、马列学院、抗日军政大学等一批专门干部院校。通过发展中等教育和高等教育，为军队和根据地各项事业的发展，培养了大批干部人才，进一步巩固了无产阶级对文化建设的领导地位。

抗日战争开始后，一大批革命的知识分子和文艺工作者奔赴延安和各抗日根据地，为根据地文化事业的发展增添了许多宝贵的力量。但是，由于这些知识分子和文艺工作者大部分来自国统区，对于在抗日革命根据地地区，应该站在怎样的立场上进行文艺创作，其创作要为哪些人服务等问题，还缺乏明确的认识，出现了脱离革命实际、脱离群众的错误倾向。对此，毛泽东 1942 年在延安文艺座谈会的讲话中，曾明确阐述了这些问题，批评了存在于知识分子和文艺工作者当中的一些错误认识和做法。他指出，我们的文艺不是为地主阶级和资产阶级的，而是为人民的，是要为包括工人、农民、兵士和城市小资产阶级在内的占全国人口百分之九十以上的人民服务的。而要为最广大的人民服务，就必须站在无产阶级的立场上。所以，广大文艺工作者一定要在深入工农兵群众、深入实际斗争和在学习马克思主义以及学习社会的过程中，逐渐把立足点移过来，移到工农兵这方面来，移到无产阶级这方面来。[60] 对于如何为人民大众服务的问题，毛泽东指出：“必须长期地无条件地全心全意地到工农兵群众中去，到火热的斗争中去，到唯一的最广大最丰富的源泉中去，观察、体验、研究”[61]，文艺工作者的思想感情只有和工农兵大众打成一片，才能创作出人民大众所需要的作品。总之，

“文化工作者必须有为人民服务的高度的热忱，必须联系群众，而不要脱离群众”[62]。这是毛泽东对根据地文化工作者提出的根本要求，同时也为根据地地区文化建设指明了方向。在这些方针的指导下，根据地文化建设得到了空前的发展。广大文艺工作者创作了一大批老百姓喜闻乐见的抗日体裁的戏剧、小说、诗歌、歌曲，不但对中国共产党的思想、政策起到了广泛的宣传作用，而且也积极调动了广大人民群众的抗战热情，进一步推动了根据地地区新民主主义文化建设事业的发展。

各抗日根据地所进行的政治建设、经济建设和文化建设，是在新民主主义政治、经济、文化思想的指导下，所展开的伟大实践。通过各方面的建设实践，在各抗日根据地地区，建立起了中国共产党领导的抗日统一战线的政权，发展了包括公营经济、合作社经济和私营经济在内的各种所有制成分的经济，同时，根据地的文化教育事业也获得了巨大进步。这就为各抗日根据地的巩固，并团结各抗日阶层进行抗战，最终夺取战争的胜利，提供了物质保证和精神动力。各根据地政治清明，经济发展，文化繁荣，人民生活得到很大改善，这些欣欣向荣的景象与国统区形成了鲜明的对比。实践证明，这些成就正是在新民主主义的政治、经济、文化思想的指导下所取得的。根据地的政治、经济、文化已经具备了新民主主义的性质。毛泽东指出：“现在各根据地的政治，是一切赞成抗日和民主的人民的统一战线的政治，其经济是基本上排除了半殖民地因素和半封建因素的经济，其文化是人民大众反帝反封建的文化”，“陕甘宁边区和华北华中各抗日根据地的社会性质已经是新民主主义的。”[63]各抗日根据地新民主主义政治、经济、文化建设的实践，进一步推动了新民主主义理论的充实和完善，同时也为建立全国范围的新民主主义共和国积累了宝贵经验。正如毛泽东所说的：“各根据地的模型推广到全国，那时全国就成了新民主主义的共和国。”[64] 1949 年

10 月 1 日，中国共产党领导全国人民取得了新民主主义革命的伟大胜利，建立了中华人民共和国。从新中国成立到 1956 年生产资料私有制的社会主义改造基本完成，是我国由新民主主义向社会主义转变的过渡时期，从而展开了全国范围的新民主主义建设的实践。正是有了《新民主主义论》所阐述的新民主主义社会理论为指导，加之根据地的宝贵实践经验，才使得这段时期的新民主主义社会建设顺利展开，并为最终实现向社会主义社会的转变奠定了基础。

三 |《新民主主义论》的现实意义

《新民主主义论》的发表，不但对于中国的新民主主义革命和中国共产党领导的抗日革命根据地的建设具有重要的指导意义，这已被历史所证明，同时对于我们今天所进行的中国特色社会主义建设事业，也有着重要的现实意义。时至今天，距离《新民主主义论》的发表，已过去了 70 多年，但是毛泽东在这篇经典著作中所阐述的一系列思想以及所坚持的马克思主义的立场、观点和方法，对于当今的中国特色社会主义伟大事业仍然具有重要的指导意义和现实价值。

（一）文中通篇所体现的研究问题的科学态度和科学方法，为我们今天分析和解决问题提供了思想方法的指导

《新民主主义论》这篇著作，是运用马克思主义的立场、观点、方法分析和解决中国革命实际问题的光辉典范。在文中，毛泽东不但时刻运用辩证唯物主义和历史唯物主义的观点、方法分析问题，同时他也特别强调并阐述了研究问题的科学态度和方法。

在文章开头，他就特别强调了研究问题的科学态度是“实事求是”，那种“自以为是”和“好为人师”的狂妄态度是不能解决问题

的。他指出："我们民族的灾难深重极了，唯有科学的态度和负责的精神，能够引导我们民族到解放之路。真理只有一个，而究竟谁发现了真理，不依靠主观的主张，而依靠客观的实践。只有千百万人民的革命实践，才是检验真理的尺度。"毛泽东在这里所提出的"实事求是"的科学态度，不仅是对《中国文化》刊物出版的态度，同时也是分析和解决一切问题所应具有的态度。在这方面，毛泽东是以科学的态度分析中国实际问题的典范，起到了良好的表率作用。为了向广大人民群众清楚地指明"中国向何处去"的发展前途和方向问题，毛泽东实事求是地分析了中国的国情，科学阐明了中国半殖民地半封建的社会性质，在此基础上，他正确指明了中国革命的时代特点、历史特点、性质、领导、动力、前途以及新民主主义的政治、经济、文化等一系列关于新民主主义革命和社会建设的基本问题，形成了科学的新民主主义理论体系。可以说，新民主主义理论是以实事求是的态度，一切从实际出发，坚持把马克思主义与中国革命实际相结合所产生的理论成果，并被实践所证明的唯一正确的指引中国革命走向胜利的革命理论。《新民主主义论》所阐述的实事求是的科学态度，以及一切从实际出发、理论联系实际的原则，构成了中国共产党思想路线的主要内容。正如邓小平所指出的："马克思、恩格斯创立了辩证唯物主义和历史唯物主义的思想路线，毛泽东同志用中国语言概括为'实事求是'四个大字。"[65] 实事求是的思想路线成为中国共产党人正确地认识世界，能动地改造世界的根本立场、观点和方法。1980年2月，邓小平完整阐述了党的思想路线的主要内容，他指出："实事求是，一切从实际出发，理论联系实际，坚持实践是检验真理的标准，这就是我们党的思想路线。"[66] 1982年9月召开的中国共产党第十二次全国代表大会对此进行略微文字调整，并正式写入党章。此后直至党的十九大，党章中关于思想路线的表述没有进行过任何改动。新的历史条件下，习近平结合新的时代特征，又赋予实事求是新的时代内涵。强调“坚持实事求是，就要深入实际了解事物的本来面貌，就要清醒认识和正确把握我国仍处于并将长期处于社会主义初级阶段这个基本国情，就要为了人民利益坚持真理、修正错误，就要不断推进实践基础上的理论创新”[67]。中国共产党90多年的革命和建设的历史实践已经充分证明：当党能够保持实事求是的科学态度，坚持实事求是的思想路线的时候，党所领导的革命和建设事业就能不断取得胜利；当党脱离实际，僵化教条，背离实事求是思想路线的时候，革命事业和建设事业就要遭受挫折和失败。当前，我国正处于改革开放的攻坚阶段和社会主义现代化建设的关键时期，必须要始终不渝地遵循党的实事求是的思想路线，坚持马克思主义的科学作风，一切从中国社会主义初级阶段的国情出发，去分析问题和解决问题，制定出符合中国实际的路线、方针、政策。只有这样，才能克服和解决发展中遇到的困难和问题，不断推动中国特色社会主义制度的自我完善和发展，中国特色社会主义事业也才能顺利推向前进。

（二）文中关于政治、经济、文化关系的论述，对于当今中国特色社会主义政治、经济、文化的协调发展具有重要指导意义

按照唯物史观的观点，任何社会都是由经济、政治、文化所构成的不可分割的有机整体。毛泽东在《新民主主义论》中根据历史唯物主义关于社会存在与社会意识、经济基础与上层建筑的辩证关系原理，对经济、政治、文化三者之间的关系进行了阐述。他指出，经济是基础，经济决定政治，政治是经济的集中表现；经济和政治又决定一定形态的文化，一定的文化是一定社会的政治和经济的反映，同时又反作用于一定社会的政治和经济。按照这样的关系原理，毛泽东分析了中国社会的经济、政治、文化的性质状况。他指出：

“自周秦以来，中国是一个封建社会，其政治是封建的政治，其经济是封建的经济。而为这种政治和经济之反映的占统治地位的文化，则是封建的文化。”而自外国资本主义侵略中国以来，中国“社会的政治是殖民地、半殖民地、半封建的政治，其经济是殖民地、半殖民地、半封建的经济，而为这种政治和经济之反映的占统治地位的文化，则是殖民地、半殖民地、半封建的文化”。而新民主主义革命的任务就是要革除这种旧政治、旧经济和为其服务的旧文化，代之而建立的是中华民族的新政治、新经济和新文化，即新民主主义的政治、经济和文化。此外，他在文中还对新民主主义的政治、经济、文化进行了系统阐述，描述了新民主主义国家社会建设的宏伟蓝图。从毛泽东对经济、政治、文化三者的关系以及对中国社会性质、新民主主义革命的目标以及具体建设纲领的论述来看，他始终是按照历史唯物主义的观点和方法，将三者作为一个统一整体来论证的。这些论述，不但为新民主主义革命指明了正确的目标方向，而且为新民主主义社会建设提供了指导性纲领，有力地指导了新民主主义共和国各项事业的展开。同时，这对我们今天中国特色社会主义事业全局的建设，也具有重要指导意义。

在当今改革开放和社会主义现代化建设的实践中，我们不仅要坚持以经济建设为中心，同时还要坚持政治、文化、生态建设协调发展，努力促进社会主义社会各项事业的全面发展和进步。对此，邓小平曾指出：“我们现在搞两个文明建设，一是物质文明，一是精神文明。”[68] 1991 年 7 月 1 日，在庆祝中国共产党成立 70 周年大会的讲话中，江泽民指出：“有中国特色社会主义的经济、政治、文化，是有机统一、不可分割的整体。”[69] 在社会主义现代化建设过程中，要“高度重视精神对物质、社会意识对社会存在、生产关系对生产力、上层建筑对经济基础、政治对经济的巨大反作用，不能忘记这个辩证唯物主义和历史唯物主义的原理。要记取前几年‘一手硬、一手软’的教训，坚持社会主义物质文明和精神文明一起抓的方针，发挥我们党重视思想政治工作的优势，保证有中国特色社会主义的经济、政治、文化协调发展”[70]。从这样的观点出发，江泽民从整体上阐述了中国特色社会主义经济、政治、文化的基本内容，形成了党在社会主义初级阶段的基本纲领的雏形。1997 年 9 月，党的第十五次全国代表大会，根据党的基本路线，围绕社会主义现代化国家建设的目标，明确提出了党在社会主义初级阶段的基本纲领。基本纲领从经济、政治、文化三个方面展开，围绕建设中国特色社会主义的经济、政治、文化的原则、方针、目标等基本内容展开，成为社会主义初级阶段中国特色社会主义经济、政治、文化建设的指导性纲领。2007 年 9 月，党的十七大从经济、政治、文化、社会建设四个方面进一步丰富了基本纲领的内容。2012 年党的十八大又在深刻总结社会主义建设历史经验、顺应国内外发展形势以及人民美好生活愿望的基础上，形成了中国特色社会主义经济、政治、文化、社会和生态文明建设“五位一体”的总布局，把握了中国特色社会主义建设的基本领域，为新的历史时期中国特色社会主义事业全面发展提供了行动指南。2017 年党的十九大继续做好顶层设计，协调推进“五位一体”总体布局，更高水平推动新时代中国特色社会主义事业向前发展。可以说，正是有了毛泽东在《新民主主义论》中对经济、政治、文化三者关系及其内容的科学阐述，才为后来乃至今天从整体上认识中国特色社会主义事业发展全局，促进社会的全面发展和进步，奠定了重要的思想基础。

（三）文中对于新民主主义文化方针的阐述，对我们今天所进行的中国特色社会主义文化建设具有重要启示作用

毛泽东在《新民主主义论》中根据历史唯物主义的基本原理，在分析了政治、经济、文化三者关系的基础上，着重阐述了新民主

主义文化的作用、性质、领导、纲领及发展方针等一系列问题。根据社会存在决定社会意识这一原理，毛泽东进一步指出："中国民族的新政治和新经济，乃是中华民族的新文化的根据。"这种新文化是"在观念形态上反映新政治和新经济的东西，是替新政治新经济服务的。"同时，由于社会意识并不是消极地适应社会存在，它还表现出能动的反作用。以此为依据，毛泽东进而强调了文化对于革命运动的作用。他指出："革命文化，对于人民大众，是革命的有力武器。"他引用列宁的一句话，"没有革命的理论，就不会有革命的运动"，更加强调了革命文化对于革命实践的重要意义。对于中国新文化的性质，毛泽东指出：在"五四"以后，中国的新文化是新民主主义性质的文化，是属于无产阶级的社会主义文化革命的一部分了。因此，"这种文化，只能由无产阶级的文化思想即共产主义思想去领导，任何别的阶级的文化思想都是不能领导了的"。进而他明确阐释了新民主主义文化的内涵，即无产阶级领导的人民大众的反帝反封建的文化，明确了新民主主义文化的作用、性质、内涵，对于如何发展这种文化，毛泽东也具体指明了新民主主义文化发展的目标、方针和原则。他指出，新民主主义文化应该是民族的、科学的、大众的文化。他深刻阐明了对待本国文化遗产和外国文化的态度问题。1938 年 10 月，毛泽东在《中国共产党在民族战争中的地位》一文中，曾告诫全党："今天的中国是历史的中国的一个发展；我们是马克思主义的历史主义者，我们不应当割断历史。从孔夫子到孙中山，我们应当给以总结，承继这一份珍贵的遗产。"[71] 所以，在对待中国古代文化上，决不能采取历史虚无主义的态度，要尊重历史，不能割断历史；但也决不能毫无批判地兼收并蓄，要剔除其封建性糟粕，吸收其民主性精华。在对待外国文化上，也要取其精华，弃其糟粕，批判地加以吸收，决不能搞所谓的"全盘西化"，中国文化必须要有自己的民族形式。此外，他还强调了新民主主义的文化是大众的，因而是民主的，是为最广大的工农劳苦大众服务的，是他们的文化。毛泽东的这些论述，不但有力地指导了新民主主义的文化建设，为新民主主义革命的胜利提供了思想保证和精神动力，同时对我们今天中国特色社会主义文化事业的发展，也具有重要启迪意义。

中国共产党在领导改革开放和社会主义现代化建设的历史进程中，始终十分重视文化建设。文化实力已经成为一个国家综合实力的重要组成部分。在对文化的重要地位和作用的认识上，邓小平创造性地提出了社会主义精神文明是社会主义社会的重要特征，在建设高度的物质文明的同时，还要建设高度的精神文明的思想。江泽民也指出："当今世界，文化与经济和政治相互交融，在综合国力竞争中的地位和作用越来越突出。文化的力量，深深熔铸在民族的生命力、创造力和凝聚力之中。"[72]1991 年 7 月，在庆祝中国共产党成立 70 周年大会的讲话中，江泽民明确提出了"有中国特色社会主义文化"这一概念，并具体阐述了其内涵，指出："有中国特色社会主义的文化，必须以马克思列宁主义、毛泽东思想为指导，不能搞指导思想的多元化；必须坚持为人民服务、为社会主义服务的方向和百花齐放、百家争鸣的方针，繁荣和发展社会主义文化，不允许毒害人民、污染社会和反社会主义的东西泛滥；必须继承和发扬民族优秀传统文化而又充分体现社会主义时代精神，立足本国而又充分吸收世界文化优秀成果，不允许搞民族虚无主义和全盘西化。我们应该牢牢把握有中国特色社会主义文化的这些基本要求，极大地提高全民族的思想道德素质和科学文化素质，促进社会主义物质文明和精神文明的发展。"[73] 在党的十五大上，江泽民完整阐述了中国特色社会主义文化建设的基本纲领，指出："建设有中国特色社会主义的文化，就是以马克思主义为指导，以培育有理想、有道德、有文化、有纪律的公民为目标，发展面向现代化、面向世界、面向未来的，民族的科学的大众的社会主义文化。”[74] 进入世纪之交，江泽民又把党要始终代表中国先进文化的前进方向作为“三个代表”的一个重要方面，并写入党的指导思想。新世纪新阶段，以胡锦涛为总书记的党中央把文化建设摆在更加突出的位置，强调要牢牢把握社会主义先进文化的前进方向，建设以社会主义核心价值体系为根本的和谐文化。2007 年 10 月在党的十七大上，将“建设社会主义核心价值体系，推动社会主义文化大发展大繁荣”写进中国特色社会主义文化建设纲领中，进一步丰富和发展了中国特色社会主义文化纲领的内涵。在此基础上，又制定了坚持以马克思主义为指导，为人民服务、为社会主义服务；坚持百花齐放、百家争鸣；坚持贴近实际、贴近生活、贴近群众，不断推进文化创新；坚持立足当代又继承民族优秀文化传统，立足本国又充分吸收世界优秀文化成果；坚持一手抓繁荣，一手抓管理等一系列文化建设的指导方针。2012 年党的十八大又进一步提出了建设社会主义文化强国的目标，并在此基础上指明了中国特色社会主义文化发展道路，即“坚持为人民服务、为社会主义服务的方向，坚持百花齐放、百家争鸣的方针，坚持贴近实际、贴近生活、贴近群众的原则，推动社会主义精神文明和物质文明全面发展，建设面向现代化、面向世界、面向未来的，民族的科学的大众的社会主义文化。”[75] 此外，党的十八大在阐明加强社会主义核心价值体系建设的同时，又首次提出了倡导富强、民主、文明、和谐，倡导自由、平等、公正、法治，倡导爱国、敬业、诚信、友善的社会主义核心价值观。这是凝聚全党全社会价值共识所作出的重要论断。2013 年 12 月，习近平总书记在中央政治局第十二次集体学习时，再次着重强调提高国家文化软实力的重要意义。指出：“提高国家文化软实力，关系我国在世界文化格局中的定位，关系我国国际地位和国际影响力，关系‘两个一百年’奋斗目标和中华民族伟大复兴中国梦的实现。”[76]因此，必须加快文化强国建设。建设社会主义文化强国，必须培养高度的文化自信。“文化自信，是更基础、更广泛、更深厚的自信，是更基本、更深沉、更持久的力量。”[77]可以说，从理论上对文化建设指导思想、方针的不断丰富和发展到实践中走出一条中国特色的文化发展道路，体现了党对文化建设规律认识的不断深化。这些发展和深化正是基于毛泽东对新民主主义文化科学阐述的基础上取得的，毛泽东在《新民主主义论》中对于文化建设的论断，为党对文化建设指导思想和方针的制定提供了思想依据，其思想价值是历久弥新的。

当然，由于受到历史条件和主观认识等方面因素的制约，任何理论都会存在一定的局限性。毛泽东在《新民主主义论》中有关思想的阐述也不例外。比如，他在阐述“二战”后殖民地、半殖民地国家未来的发展道路问题时，指出这些国家要么是站在帝国主义战线方面，成为世界反革命力量的一部分；要么是站在反帝国主义战线方面，成为世界革命力量的一部分。认为二者必居其一，没有其他的道路可走。实践证明，这种说法并非适合所有国家。1958 年 9 月，毛泽东在同巴西记者马罗金和杜特列夫人谈话时，对这一观点作了修正。他指出：“事实上，这种观点只适合于一部分国家，对于印度、印度尼西亚、阿拉伯联合共和国等国家却不适用。它们不是帝国主义国家，也不是社会主义国家，而是民族主义国家。拉丁美洲也有许多这样的国家，将来还会多。”[78]“这些国家既不站在帝国主义的一边，也不站在社会主义的一边，而站在中立的立场，不参加双方的集团，这是适合于它们现时的情况的。”[79]

【本章注释】

[1]《斯大林选集》（上卷），人民出版社 1979 年版，第 238 页—第 239 页。
[2]《列宁全集》第 23 卷，人民出版社 1958 年版，第 54 页。

[3]《马克思恩格斯文集》第 2 卷，人民出版社 2009 年版，第 65 页。

[4]《马克思恩格斯文集》第 2 卷，人民出版社 2009 年版，第 192 页。

[5]《列宁全集》第 11 卷，人民出版社 1987 年版，第 284 页—第 285 页。

[6]《列宁全集》第 11 卷，人民出版社 1987 年版，第 223 页。

[7]《马克思恩格斯文集》第 2 卷，人民出版社 2009 年版，第 193 页。

[8]《马克思恩格斯全集》第 4 卷，人民出版社 1958 年版，第 511 页。

[9]《马克思恩格斯文集》第 2 卷，人民出版社 2009 年版，第 573 页注释①。

[10]《马克思恩格斯文集》第 2 卷，人民出版社 2009 年版，第 66 页。

[11]《列宁全集》第 11 卷，人民出版社 1987 年版，第 34 页。

[12]《列宁全集》第 23 卷，人民出版社 1990 年版，第 331 页。

[13]《列宁选集》第 4 卷，人民出版社 1995 年版，第 180 页。

[14]《列宁全集》第 17 卷，人民出版社 1988 年版，第 363 页。

[15]《列宁全集》第 11 卷，人民出版社 1987 年版，第 42 页—第 43 页。

[16]《列宁全集》第 17 卷，人民出版社 1988 年版，第 363 页。

[17]《列宁全集》第 42 卷，人民出版社 1987 年版，第 333 页。

[18]《马克思恩格斯文集》第 3 卷，人民出版社 2009 年版，第 434 页。

[19]《马克思恩格斯文集》第 3 卷，人民出版社 2009 年版，第 445 页。

[20]《列宁专题文集（论社会主义）》，人民出版社 2009 年版，第 154 页。

[21]《列宁专题文集（论社会主义）》，人民出版社 2009 年版，第 155 页。

[22]《列宁专题文集（论资本主义）》，人民出版社 2009 年版，第 281 页。

[23]《列宁专题文集（论无产阶级政党）》，人民出版社 2009 年版，第 232 页—第 233 页。

[24]《列宁专题文集（论社会主义）》，人民出版社 2009 年版，第 225 页。

[25]《毛泽东文集》第 1 卷，人民出版社 1993 年版，第 24 页—第 25 页。

[26]《毛泽东选集》第 1 卷，人民出版社 1991 年版，第 9 页。

[27]《中共中央文件选集》第 11 册，中共中央党校出版社 1991 年版，第 658 页—第 659 页。

[28]《列宁全集》第 28 卷，人民出版社 1990 年版，第 163 页。

[29]《列宁专题文集（论社会主义）》，人民出版社 2009 年版，第 359 页—第 360 页。

[30]《列宁专题文集（论无产阶级政党）》，人民出版社 2009 年版，第 232 页。

[31]《毛泽东早期文稿》，湖南人民出版社 2008 年版，第 498 页。

[32]《中国共产党历史》（第 2 卷）下册，中共党史出版社 2002 年版，第 708 页—第 709 页。

[33]《毛泽东选集》第 2 卷，人民出版社 1991 年版，第 785 页。

[34]《毛泽东选集》第 2 卷，人民出版社 1991 年版，第 741 页。

[35]《毛泽东选集》第 2 卷，人民出版社 1991 年版，第 742 页。

[36]《毛泽东选集》第 2 卷，人民出版社 1991 年版，第 751 页。

[37]《毛泽东选集》第 2 卷，人民出版社 1991 年版，第 742 页—第 743 页。

[38]《毛泽东选集》第 2 卷，人民出版社 1991 年版，第 743 页。

[39]《毛泽东选集》第 2 卷，人民出版社 1991 年版，第 743 页。

[40]《毛泽东文集》第 2 卷，人民出版社 1993 年版，第 335 页。

[41]《毛泽东选集》第 3 卷，人民出版社 1991 年版，第 807 页。

[42]《毛泽东选集》第 3 卷，人民出版社 1991 年版，第 808 页。

[43]《邓小平文选》第 1 卷，人民出版社 1994 年版，第 8 页。

[44]《毛泽东选集》第 3 卷，人民出版社 1991 年版，第 793 页。

[45]《毛泽东选集》第 4 卷，人民出版社 1991 年版，第 1250 页。

[46]《中共中央文件选集》第 13 册，中共中央党校出版社 1991 年版，第 281 页—第 282 页。

[47]《毛泽东选集》第 3 卷，人民出版社 1991 年版，第 892 页。

[48]《毛泽东选集》第 3 卷，人民出版社 1991 年版，第 891 页—第 892 页。

[49]《毛泽东选集》第 3 卷，人民出版社 1991 年版，第 793 页。

[50]《毛泽东选集》第 3 卷，人民出版社 1991 年版，第 931 页。

[51]《毛泽东选集》第 3 卷，人民出版社 1991 年版，第 932 页。

[52] 萧一平、郭德宏主编 :《中国抗日战争全史》（下篇），四川人民出

版社 2005 年版，第 242 页。

[53] 萧一平、郭德宏主编：《中国抗日战争全史》（下篇），四川人民出版社 2005 年版，第 243 页。

[54] 萧一平、郭德宏主编：《中国抗日战争全史》（下篇），四川人民出版社 2005 年版，第 243 页—第 244 页。

[55]《毛泽东选集》第 3 卷，人民出版社 1991 年版，第 847 页。

[56]《毛泽东选集》第 3 卷，人民出版社 1991 年版，第 1011 页。

[57]《中共中央文件选集》第 12 册，中共中央党校出版社 1991 年版，第 328 页。

[58]《中共中央文件选集》第 12 册，中共中央党校出版社 1991 年版，第 330 页。

[59]《中国共产党历史》（第 2 卷）下册，中共党史出版社 2002 年版，第 713 页—第 714 页。

[60]《毛泽东选集》第 3 卷，人民出版社 1991 年版，第 855 页—第 857 页。

[61]《毛泽东选集》第 3 卷，人民出版社 1991 年版，第 861 页。

[62]《毛泽东选集》第 3 卷，人民出版社 1991 年版，第 1012 页。

[63]《毛泽东选集》第 2 卷，人民出版社 1991 年版，第 785 页。

[64]《毛泽东选集》第 2 卷，人民出版社 1991 年版，第 785 页。

[65]《邓小平文选》第 2 卷，人民出版社 1994 年版，第 278 页。

[66]《邓小平文选》第 2 卷，人民出版社 1994 年版，第 278 页。

[67]《习近平谈治国理政》，外文出版社 2014 年版，第 25 页—第 26 页。

[68]《邓小平文选》第 3 卷，人民出版社 1993 年版，第 156 页。

[69]《江泽民文选》第 1 卷，人民出版社 2006 年版，第 161 页。

[70]《江泽民文选》第 1 卷，人民出版社 2006 年版，第 162 页。

[71]《毛泽东选集》第 2 卷，人民出版社 1991 年版，第 534 页。

[72]《江泽民文选》第 3 卷，人民出版社 2006 年版，第 558 页。

[73]《江泽民文选》第 1 卷，人民出版社 2006 年版，第 158 页。

[74]《江泽民文选》第 2 卷，人民出版社 2006 年版，第 17 页—第 18 页。

[75] 胡锦涛：《坚定不移沿着中国特色社会主义道路前进 为全面建成小

康社会而奋斗——在中国共产党第十八次全国代表大会上的报告》，人民出版社 2012 年版，第 30 页—第 31 页。

[76]《习近平总书记系列重要讲话读本》，学习出版社、人民出版社 2016 年版，第 207 页。

[77]《习近平谈治国理政》第 2 卷，外文出版社 2017 年版，第 349 页。

[78]《毛泽东文集》第 7 卷，人民出版社 1999 年版，第 401 页。

[79]《毛泽东文集》第 7 卷，人民出版社 1999 年版，第 402 页。